失敗から学ぶ［実務講座シリーズ］01

〈2訂版〉

公認会計士が見つけた!

本当は怖い
グループ法人税務の
失敗事例
55

TOHOSHOBO

［ はじめに ］

　辻・本郷 税理士法人は、東京新宿に本部を置き、日本国内に61拠点、海外に8拠点、スタッフ総勢1600名、顧問先数およそ12000社の国内最大規模の税理士法人です。

　この度、2011年に初版を刊行した『グループ法人税務の失敗事例55』の2訂版を出版する運びとなりました。

　公認会計士・税理士は、会計・税務のプロフェッショナルです。税法に対する知識はもちろん、考え方を踏まえた上で実務に臨んでいます。

　その蓄積を活用しながら、すみずみまで教科書を学ぶ余裕はないけれど、実務ではどうなっているのか知りたいという方々に向けて、「失敗から学ぶ実務講座シリーズ」を刊行しております。一般的な学習法とは逆さまのプロセスですが、読者のみなさんにとって大事な実務の場面、なかでも失敗例に焦点を当てた、逆転のケーススタディです。

失敗事例

失敗のポイント（なぜ失敗したか）

正しい対応（どうすればよかったか）

税法等の解説

　今回の2訂版は7年振りの改訂となり、最新のグループ法人税制を反映しています。辻・本郷 税理士法人の仕事の蓄積を通して、グループ法人にかかわる方々のお役に立つことで、社会への還元となればと願っております。

辻・本郷 税理士法人
理事長　徳田 孝司

目次

〈2訂版〉公認会計士が見つけた！
本当は怖いグループ法人税務の失敗事例55

はじめに ………………………………………………	2
〈事例01〉 **グループ法人税制の基本的な考え方** ………	8
〈事例02〉 **グループの範囲** ……………………………	12
〈事例03〉 **譲渡損益調整資産の判定** …………………	16
〈事例04〉 **帳簿価額1000万円以上の判定** …………	20
〈事例05〉 **完全支配関係を有しなくなった場合の 繰延べした譲渡損益の計上** ………	24
〈事例06〉 **医療法人における 完全支配関係の判定** ………………………	28
〈事例07〉 **適格合併での譲渡法人の解散による 譲渡損益の取扱い** ………………………	32
〈事例08〉 **適格合併での譲受法人の解散による 繰延処理の継続** ………………………	36
〈事例09〉 **グループ会社間での非適格合併** …………	40
〈事例10〉 **譲渡時の譲渡法人による通知** ……………	44
〈事例11〉 **個人による完全支配関係における 寄附金の取扱い** ………………………	48
〈事例12〉 **寄附修正** ………………………………………	52

4

〈事例13〉	**低額譲渡**	58
〈事例14〉	**非適格となる現物分配**	62
〈事例15〉	**適格現物分配**	66
〈事例16〉	**親会社株式の現物分配**	70
〈事例17〉	**適格現物分配における欠損金の利用制限**	74
〈事例18〉	**完全子法人株式等からの配当**	78
〈事例19〉	**負債利子額の算定方法**	82
〈事例20〉	**完全子法人株式等の認識時期**	86
〈事例21〉	**グループ内法人間の受取配当等の益金不算入**	90
〈事例22〉	**グループ内法人間の中小法人特例の不適用**	94
〈事例23〉	**非適格合併時のみなし配当**	98
〈事例24〉	**自己株式の取得によるみなし配当**	102
〈事例25〉	**残余財産の分配に係るみなし配当**	106
〈事例26〉	**完全支配関係がある法人間の株式の発行法人への譲渡損益**	110

〈事例27〉 自己株式として取得されることを予定して
取得した株式に係るみなし配当 ……… 114

〈事例28〉 解散した法人の税務 ……… 118

〈事例29〉 期限切れ欠損金の損金算入 ……… 122

〈事例30〉 清算中法人の特定同族会社の
特別税率不適用 ……… 126

〈事例31〉 残余財産確定の場合の欠損金引継ぎ ……… 130

〈事例32〉 残余財産確定の場合の欠損金の
引継ぎの不適用 ……… 134

〈事例33〉 非適格合併としての処理 ……… 138

〈事例34〉 適格合併としての処理 ……… 142

〈事例35〉 支配関係の継続要件 ……… 146

〈事例36〉 支配関係の継続期間 ……… 150

〈事例37〉 制限対象金額等の計算の特例 ……… 154

〈事例38〉 組織再編による不動産移転 ……… 158

〈事例39〉 分割型分割の取扱い ……… 162

〈事例40〉 非適格分社型分割における
譲渡損失の繰延べ ……… 166

〈事例41〉 **適格分社型分割における
貸倒引当金の引継ぎ** ……………………… 170

〈事例42〉 **事業譲渡による事業移管** ……………… 174

〈事例43〉 **無対価合併の処理** ………………………… 178

〈事例44〉 **無対価分割型分割の処理** ……………… 184

〈事例45〉 **無対価株式交換の処理** ………………… 190

〈事例46〉 **適格組織再編成の範囲** ………………… 194

〈事例47〉 **連結納税の適用法人** …………………… 198

〈事例48〉 **連結納税における中小法人特例の適用** …… 202

〈事例49〉 **連結納税における地方税の取扱い** ………… 206

〈事例50〉 **連結法人株式の投資簿価修正** …………… 210

〈事例51〉 **法人税及び地方法人税の計算** …………… 214

〈事例52〉 **連結納税の離脱事由** …………………… 218

〈事例53〉 **連結納税開始に伴う資産の時価評価** …… 222

〈事例54〉 **みなし事業年度の特例** ………………… 226

〈事例55〉 **連結欠損金の繰越** ……………………… 230

事例 **01**
グループ法人税制の基本的な考え方

　社長一族が経営権を握るP社グループは、現在社長一族を頂点とし、持株会社であるP社を始め多くの子会社がP社グループに所属しています。他者との合弁で設立した会社や、P社から会社分割により設立した会社もあります。またP社グループには属していない社長の弟が経営するQ社グループとも取引があります。その他の親族が経営する会社もあるようですが、社長は、P社グループ各社間の取引状況と持株の関係を考えたことはありませんでした。また、その他の親族の経営する会社については持株関係すら知りません。

失敗のポイント

　平成22年度税制改正において、導入されたグループ法人税制では、グループ会社間の取引について、グループ外の者との取引とは異なるルールが設けられています。今まで当たり前のように行っていた取引について異なる税務ルールが適用されることで、想定外の税金が発生する可能性があります。

正しい対応 グループ法人単体課税の規定が適用となっていますので、自社グループ及び自身の親族の経営する会社の持株関係を把握しておく必要があります。

[税法等の解説]

　グループ内法人間取引の譲渡損益調整（法法61条の13）を始めとするグループ法人単体課税の規定は、原則として平成22年10月1日以降の取引から適用されています。グループ法人税制の下では資本関係の違いにより異なるルールが設けられていますので、まず当社が行う取引にどのような課税ルールが適用されるのかを把握するためにも当社を取り巻く関係者との資本関係を把握しておく必要があります。

　また資本関係を表す図は法人税申告の際の添付書類ともなっています（法規35四）。この資本関係図を元に、グループ法人との取引が法人税法上どのような取扱いを受けるかを把握した上で取引を行うことで、思わぬ税務リスクを避けることができます。

　グループ法人税制では、次のような項目が規定されています。

1. グループ内法人間の資産の譲渡取引

　　グループ内の法人間において一定の資産（譲渡損益調整資産）の譲渡取引を行った場合、譲渡法人の所得計算上、譲渡損益は、一定の要件を満たすまで繰延べます（法法61の13）。

〈事例01〉グループ法人税制の基本的な考え方

2. グループ内法人間の寄附

完全支配関係がある内国法人間の寄附については、寄附金を支出した法人において全額損金不算入（法法37②）とし、これを受領した法人において全額益金不算入（法法25の2）とします。ただし、これらの規定は法人による完全支配関係に限られるので、個人を頂点とするグループ法人間で行われる寄附には適用されません。

3. 適格現物分配

現物分配のうち、完全支配関係がある内国法人との間でのみ行われるものを適格現物分配として（法法2十二の十五）、組織再編税制の一環として位置づけ、これにより移転する資産は時価評価の対象から除外され、譲渡損益の計上は行われません（法法62の5③）。また源泉徴収も行われません（所法24①）。譲受法人は、資産の移転を受けたことにより生ずる収益について益金不算入とします（法法62の5④）。

4. グループ内法人からの受取配当等

内国法人が配当金等を受取った場合、受取配当金等の額から負債利子を控除した残額の一定割合が益金不算入とされますが（法法23①④、法法81の4）、完全子法人株式等に係る受取配当等については、負債利子を控除せず全額が益金不算入となります（法法23①④、法法81の4①）。

完全子法人株式等とは、配当等の額の計算期間を通じて内国法人との間に完全支配関係があった他の内国法人の株式等をいいます（法法23⑤、法法81の4⑤）。

5. グループ内法人の株式の発行法人への譲渡損益

内国法人が有価証券の譲渡を行った場合、原則として、その譲渡に

係る譲渡損益は、譲渡に係る契約をした日の属する事業年度の所得の金額の計算上、損金又は益金に算入されますが（法法61の2①）、完全支配関係のある他の内国法人の株式を、その発行法人に対して譲渡等する場合には、その株式の譲渡損益を計上されません（法法61の2⑰）。

6. グループ内の中小法人の優遇税制不適用

　資本金の額又は出資金の額が1億円以下の法人に係る次の制度については、資本金の額若しくは出資金の額が5億円以上の法人又は相互会社等の100％子法人については適用しません。

・法人税の軽減税率
・貸倒引当金の法定繰入率
・欠損金の繰戻し還付制度
・特定同族会社の特別税率の不適用
・交際費の損金不算入制度における定額控除制度
・貸倒引当金の繰入れ
・欠損金等の控除限度額

事例 **02**

グループの範囲

　A社は飲食店を経営しています。A社は個人株主甲が100％所有している会社です。A社には、A社が100％所有する子会社がないため、グループ法人税制は特に関係ないと考えています。なお、現在、新店舗の出店計画があり、甲の妻の兄が100％所有する不動産業のB社から土地を購入しました。

失敗のポイント
　グループ会社の範囲を甲が直接所有するA社だけで判定してしまいました。

> **正しい対応** グループ会社には親族が100％所有する会社も含まれます。したがって、甲の妻の兄が経営するＢ社はグループ会社となりますので、グループ法人税制の適用を受けることになります。

［税法等の解説］

　グループ会社の範囲は、100％株式保有による「完全支配関係」のある法人で、100％グループの頂点は、内国法人のみならず、外国法人や個人株主も含まれます。また、適用される法人について、会社規模は関係ないため中小企業も対象になります。

1．完全支配関係

「完全支配関係」とは、
① 一の者が法人の発行済株式等の全部を直接若しくは間接に保有する関係（当事者間の完全支配の関係）
② 一の者との間に当事者間の完全支配の関係がある法人相互の関係
をいいます（法法２十二の七の六、法令４の２②）。
　グループ会社の範囲は、基本的には資本関係で判別されることとなり、100％株式を保有する「一の者」には内国法人のみならず、外国法人や個人も含まれることとなります。したがって、いわゆるオーナー会社や外国会社の日本子会社であっても、どの会社がグループ会社に該当するかは毎期継続的に把握していくことが必要になります。

〈事例02〉グループの範囲

「完全支配関係」のあるグループ会社の例は（図1）の通りとなります。

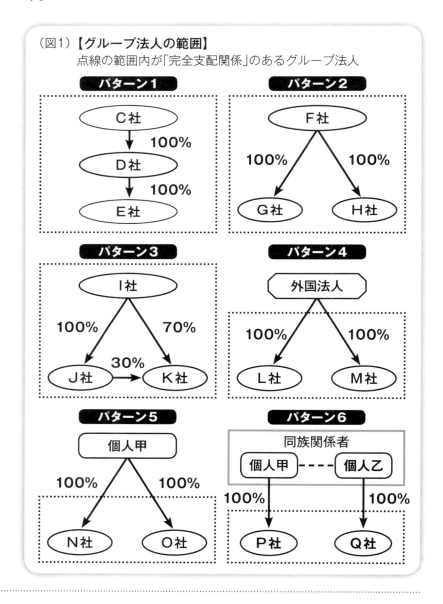

2.「一の者」が個人である場合

　グループ会社の範囲として「一の者」による「完全支配関係」の場合で、「一の者」が個人のとき、その範囲には、その者及びその者と特殊の関係のある個人が含まれます（法令4の2②）。この場合、「特殊の関係のある個人」は下記の通り、同族会社（法法2十）に規定される同族関係者の範囲と同様となっているので、その対象が広範囲になる可能性もあり留意が必要です。

【特殊の関係のある個人】
① 株主の親族（6親等内の血族、配偶者、3親等内の姻族）
② 株主との事実上も婚姻関係の事情にある者
③ 個人である株主の使用人
④ 個人株主から受ける金銭等により生計を維持している者
⑤ ①〜④の者と生計を一にするこれらの親族

　したがって、今回の事例のように親族がそれぞれ会社を経営しているような場合には、(図1)内のパターン6に該当し、A社、B社はグループ会社となるため、グループ法人税制の適用対象となります。

事例 **03**

譲渡損益調整資産の判定

　建築業を営むA社は、この度、建築用機械（会計上の期首帳簿価額900万円、期首減価償却超過額150万円）を完全支配関係のある会社に対し1,500万円で譲渡しました。

　税法上の期首帳簿価額（900万円＋150万円＝1,050万円）が1,000万円以上であったため、譲渡利益相当額を申告調整で損金の額に算入しました（図1）。

　なお、売却時においてA社は期中の減価償却費を計上しています。

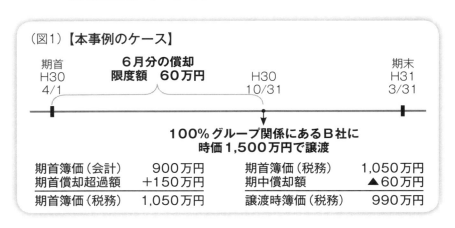

（図1）【本事例のケース】

期首H30 4/1	6月分の償却限度額 60万円	H30 10/31	期末H31 3/31

100%グループ関係にあるB社に時価1,500万円で譲渡

期首簿価（会計）	900万円	期首簿価（税務）	1,050万円
期首償却超過額	＋150万円	期中償却額	▲60万円
期首簿価（税務）	1,050万円	譲渡時簿価（税務）	990万円

失敗のポイント　譲渡損益調整資産の判定を、減価償却費を考慮することなく行ってしまいました。

正しい対応　譲渡損益調整資産に該当するか否かの帳簿価額判定は、譲渡直前の帳簿価額で行うものとされています。

また、当該資産が減価償却資産である場合は、償却費として損金経理した金額を期首帳簿価額から差引いた後の金額で判定するものと考えられます。

[税法等の解説]

　この制度の対象となる譲渡損益調整資産とは、次に掲げる資産のうち、その譲渡資産の譲渡直前の帳簿価額（税法上の帳簿価額）が1,000万円以上であるものをいいます。

　なお、譲渡損益調整資産に該当するかどうかの判定は、原則として譲渡法人の勘定科目により行います。

①固定資産

②棚卸資産に該当する土地（土地の上に存する権利を含む）

③有価証券

④金銭債権

⑤繰延資産

　なお、有価証券のうち譲渡法人が売買目的有価証券としていたもの又は譲受法人において売買目的有価証券とされるものは常に譲渡損益調整資産から除くこととなります。

　本事例の場合、税法上の期首帳簿価額は1,000万円以上でした。

ただし、減価償却資産については損金経理した金額のうち損金算入限度額に達するまでの金額は損金算入されることとなっており、かつ、当該損金経理額には過年度の償却超過額が含まれます。

　更に、財務省「平成22年度　税制改正の解説」においても期中譲渡の場合には期首から譲渡時点までの償却費が損金算入されるとの見解を示しています。

　よって期首帳簿価額から償却費を控除した金額が譲渡直前の帳簿価額となるため、譲渡時点において1,000万円未満となりうるのです。

　なお、会計上の期首帳簿価額が1,050万円（償却超過額0円）で譲渡時点までの償却限度額が60万円だった場合、60万円部分を償却費として期中損金経理するかどうかにより譲渡損益調整資産に該当させるかどうかの選択を行うことができるものと考えられます（図2）。

(図2)【選択できるケース】

```
 期首                6月分の償却                            期末
 H30              限度額  60万円          H30              H31
 4/1                                   10/31             3/31
  |━━━━━━━━━━━━━━━━━━━━━━━━━━━|━━━━━━━━━━━━━━━━━━━━━━|
                                        ↓
                          100％グループ関係にあるB社に
                              時価1,500万円で譲渡
```

期首簿価（会計）	1,050万円	期首簿価（税務）	1,050万円
期首償却超過額	0万円	期中償却額	0万円
期首簿価（税務）	1,050万円	譲渡時簿価（税務）	1,050万円

償却費の計上有無により、譲渡損益調整資産に該当させるか選択可能

〈事例03〉譲渡損益調整資産の判定

事例 04

帳簿価額1000万円以上の判定

　不動産賃貸業を営むA社はこの度、複数の退去済テナントに対する滞納未収家賃（金銭債権）についてグループ会社のB社に債権譲渡を行いました。

　債権金額合計が1,000万円以上であったため、譲渡損相当額1,200万円を譲渡損益調整資産として加算調整しました（図1）。

（図1）特殊の関係のある個人

```
         不動産会社A社
        債権額計　1,700万円
        （時価　500万円）
        ↙            ↘
   債務者A            債務者B
   600万円           1,100万円
   時価100万円       時価400万円
```

失敗のポイント　譲渡した資産の帳簿価額を判定するにあたり、判定の単位を誤ってしまいました。

> **正しい対応**
>
> 金銭債権の場合、譲渡損益調整資産の判定は、一の債務者ごとに区分して行うこととなります。
>
> また、その他の資産についても帳簿価額の判定単位が定められています。
>
> 今回、譲渡損益調整資産として加算調整すべき金額は債務者Ｂに対する債権の譲渡損700万円のみとなり、債務者Ａに対する債権の譲渡損500万円については損金の額に算入されることとなります。

［税法等の解説］

　譲渡損益調整資産の譲渡直前の帳簿価額が1,000万円以上であるか否かの判定単位は次表の通りです。

　帳簿価額を確認する前にその資産を判定するにあたっての区分を検討する必要があります（図2）。

（図2）

資産の種類		判定区分
金銭債権		一の債務者ごとに区分する。
減価償却資産	建物	一棟ごとに区分する。区分所有建物にあっては、その区分所有する建物の部分ごとに区分する。
	機械装置	一の生産設備又は一台若しくは一基ごとに区分する。通常一組又は一式をもって取引の単位とされるものにあっては、その一組又は一式ごと。
	その他	建物、機械装置に準じて区分する。
土地等		土地等を一筆（一体として事業の用に供される一団の土地等にあっては、その一団の土地等）ごとに区分する。
有価証券		その銘柄の異なるごとに区分する。
その他の資産		通常の取引単位を基準として区分する。

MEMO

〈事例04〉帳簿価額1000万円以上の判定

事例

05

完全支配関係を有しなくなった場合の繰延べした譲渡損益の計上

　設備関連資材の販売を行うＡ社（３月決算）は、×１年２月にグループ会社のＢ社（５月決算）に対して土地を譲渡しており、その際に計上された譲渡損5,000万円について譲渡損失額の繰延べを行っています。

　×２年の１月にＢ社が当該土地Ｐをグループ外のＣ社へ譲渡したため、×２年の３月期において当該譲渡損の戻入（損金算入）を行い、申告しました。

(図1)

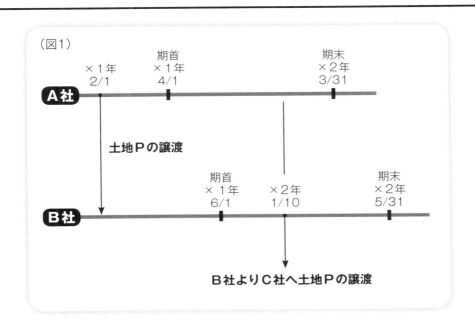

失敗のポイント 　本事例では、繰延べた譲渡損益をＢ社が売却した時点で戻入処理を行ってしまいました。

〈事例05〉完全支配関係を有しなくなった場合の繰延べした譲渡損益の計上　　25

> **正しい対応**
>
> 譲受法人において譲渡損益調整資産を譲渡した場合、A社における譲渡損益の戻入事由発生時点はその事由が生じた日（×2年1月）の属する譲受法人（B社）の事業年度終了の日（×2年5月末日）とされています。
>
> 当該事例の場合、譲受法人（B社）が土地の譲渡を行ったのは×2年の1月ですが、事由の発生時点はB社の譲渡日が属する事業年度終了の日（×2年5月末日）となるため、A社において譲渡損失の戻入を行うべき時期は翌期（×3年3月期）となります。
>
>

[税法等の解説]

　繰延べした譲渡利益額又は譲渡損失額を計上する事由の発生時期は、次の通りとなります。

　譲受法人において譲渡損益調整資産につき再譲渡、償却、評価替え、貸倒れ、除却などの事由が生じた場合には、その事由が生じた日の属する譲受法人の事業年度終了の日を発生時期とし、譲渡法人の当該発生時期の属する事業年度の所得金額の計算上、繰延べした譲渡利益額又は譲渡損失額を益金の額又は損金の額に算入します。

なお、「完全支配関係を有しなくなった場合」には、繰延べられた譲渡損益の計上時点が「当該完全支配関係を有しなくなった日の前日の属する事業年度」となります。

　本事例の戻入事由が、「B社における譲渡」ではなく「B社との間に完全支配関係を有しなくなった場合」に該当すれば、戻入処理は×2年3月期に行うべきものでした。

　繰延べられた譲渡損益は、その計上事由によって戻入処理を行う事業年度が異なることとなるため注意が必要となります。

事例

06
医療法人における
完全支配関係の判定

　　持分の定めのある医療法人B会は、出資持分は全て理事長Cが所有していますが、意思決定機関である社員総会における理事長C及びその親族が占める議決権割合は4割です。

　　このたび、病院の移転にあたり、旧病院跡地を株式会社D社（理事長Cの配偶者が全株式を保有している）へ譲渡しました。B会における帳簿価額は10億円であり、これを時価9億円で譲渡したため譲渡損1億円を計上し、損金として申告しました。両法人の関係は（図1）の通りです。

(図1)

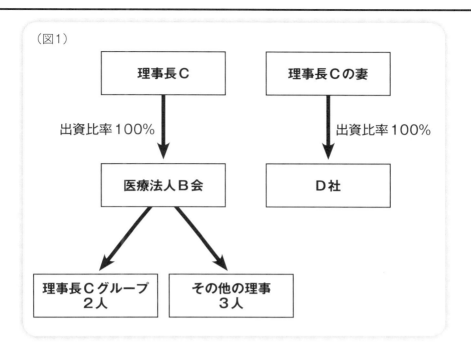

失敗のポイント

　持分の定めのある医療法人は経営と所有の分離がなされており、「完全支配関係」という表現から誤解を生むケースがあります。
　このため完全支配関係の定義をしっかりと理解する必要があります。

〈事例06〉医療法人における完全支配関係の判定　　**29**

正しい対応 完全支配関係の判定では議決権の有無を考慮しておりません。持分の定めのある医療法人は、出資持分を有していることと議決権を有していることは別の問題です。
この場合においても完全支配関係は出資持分の所有状況のみで当該判定を行うこととなります。したがって、B会とD社とはグループ法人税制の適用となり、B会は譲渡損1億円については申告加算する必要があります。

[税法等の解説]

完全支配関係

法人税法上、完全支配関係とは、次の関係をいいます。

（1）一の者が法人の発行済株式等の全部を直接
   若しくは間接に保有する関係
（2）一の者との間に当事者間の完全支配の関係がある法人相互の関係

上記に規定するように、議決権の有無は完全支配関係の判定上考慮しないと考えられています。

議決権のない種類株式、議決権が対応しない医療法人の出資持分等につ

いては注意が必要となります。

　判定は、あくまで株式（種類株式も含まれる）又は出資の全てを1人の者が有しているかどうかで行いましょう。

　また、譲渡損益の繰延べを回避したい場合は、議決権のない配当優先株式等の発行を検討してみてもいいでしょう。

　ただし、ストックオプション等で役員が取得した株式や従業員持株会（民法667①に規定する組合契約）が保有する株式については、その持株割合が5％未満の場合には、完全支配関係に該当するケースもありますので注意が必要です。

事例 **07**

適格合併での譲渡法人の解散による譲渡損益の取扱い

　A社が以前にグループ会社のB社へ株式を譲渡した際、譲渡益500万円が発生しましたが、譲渡損益の繰延制度によりその譲渡益を繰延べていました。

　その後、A社は親会社P社による適格合併の吸収合併により解散することになったため、繰延べていた譲渡益500万円を計上することにしました。

失敗のポイント　譲渡法人であるA社がグループ会社と適格合併により解散する場合は、譲渡損益の計上事由には該当しません。

正しい対応

譲渡法人A社で繰延処理していた譲渡益500万円は、合併存続会社であるP社が譲渡損益の繰延制度の適用を受けたものとして繰延処理を引継ぐ必要があります（図1）。

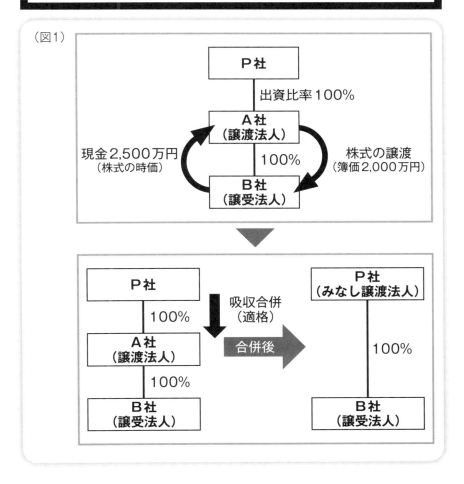

〈事例07〉適格合併での譲渡法人の解散による譲渡損益の取扱い

[税法等の解説]

　譲渡損益調整資産に係る譲渡損益について課税の繰延制度の適用を受けた法人が、グループ会社との適格合併により解散したときは、その適格合併に係る合併法人をその譲渡損益について課税の繰延制度の適用を受けた法人とみなして、繰延処理を引継ぐこととされています（法法61の13⑤）。つまり、この場合は繰延べられた譲渡損益の計上事由には該当しないこととなります。

　なお、このように譲渡法人たる地位が引継がれる適格合併は、合併法人が譲渡法人との間に完全支配関係があるグループ会社内の適格合併に限られます。グループ会社以外との適格合併については、解散時に繰延処理していた譲渡損益を認識することになります。

　また、譲渡損益調整資産に係る譲渡損益について課税の繰延制度の適用を受けた法人が、非適格合併により解散した場合にも、解散時に繰延処理していた譲渡損益を認識することとなります。

　上記事例の譲渡損益調整資産に係る会計処理及び税務調整は下記の通りとなります。

①Ａ社からＢ社への株式の譲渡時

＜会計処理＞

Ａ社

借方	金額	貸方	金額
現金	2,500	株式	2,000
		株式売却益	500

Ｂ社

借方	金額	貸方	金額
株式	2,500	現金	2,500

＜税務調整＞

A社

別表四

区分		総額	処分	
			留保	社外流出
		①	②	③
当期利益又は当期欠損の額	1			
加算				
減算	完全支配関係法人間取引の損益の減算調整額	500	500	

別表五（一）【利益積立金額の計算に関する明細書】

区分	期首現在利益積立金額	当期の増減		差引翌期首現在利益積立金額 ①-②+③
		減	増	
	①	②	③	④
繰延譲渡利益		500		△500

B社　　調整なし

②P社とA社の適格合併時

＜税務調整＞

P社

別表五（一）【利益積立金額の計算に関する明細書】

区分	期首現在利益積立金額	当期の増減		差引翌期首現在利益積立金額 ①-②+③
		減	増	
	①	②		④
繰延譲渡利益		※500		△500

※A社合併に伴う調整

事例 **08**

適格合併での譲受法人の解散による繰延処理の継続

　　P社が以前にグループ会社のB社へ土地を譲渡した際、譲渡損2,000万円が発生しましたが、譲渡損益の繰延制度によりその譲渡損を繰延べていました。
　　その後、B社はもうひとつのグループ会社であるA社による適格合併の吸収合併により解散することになったため、P社は繰延べていた譲渡損2,000万円を計上することにしました。

> **失敗のポイント** ✕
>
> 　　譲受法人であるB社がグループ会社と適格合併により解散する場合は、譲渡損益の計上事由には該当しません。

> **正しい対応**
> 合併存続法人であるA社を譲渡損益調整資産の譲受法人とみなして、譲渡法人P社は譲渡損2,000万円の繰延処理を継続する必要があります（図1）。

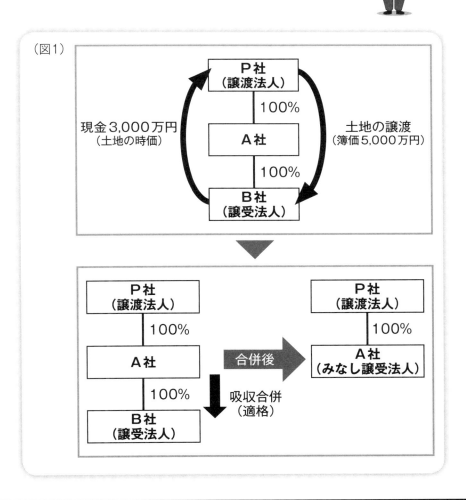

〈事例08〉適格合併での譲受法人の解散による繰延処理の継続

［税法等の解説］

　譲渡損益調整資産に係る譲渡損益について課税の繰延制度の適用を受けた場合において、その譲渡損益調整資産に係る譲受法人が適格合併・適格分割・適格現物出資又は適格現物分配のいわゆる「適格組織再編成」により、合併法人・分割承継法人・被現物出資法人又は被現物分配法人のいわゆる「合併法人等」にその譲渡損益調整資産を移転したときは、その合併法人等がその譲渡損益調整資産に係る譲受法人とみなされ、引き続き譲渡損益に係る課税の繰延制度が適用されることとなります（法法61の13⑥）。つまり、この場合は繰延べられた譲渡損益の計上事由には該当しないこととなります。

　なお、このように譲受法人たる地位が引継がれる適格組織再編成というのは、合併法人・分割承継法人・被現物出資法人又は被現物分配法人等が譲受法人との間に完全支配関係があるグループ会社内の適格組織再編成に限られます。

　グループ会社以外との適格組織再編成が行われた場合や非適格組織再編成が行われた場合については、譲渡法人は譲渡損益を認識することになります。

　上記事例の譲渡損益調整資産に係る会計処理及び税務調整は下記の通りとなります。

① P社からB社への土地の譲渡時

＜会計処理＞

P社

借方	金額	貸方	金額
現金	3,000	土地	5,000
土地売却費	2,000		

B社

借方	金額	貸方	金額
土地	3,000	現金	3,000

＜税務調整＞

P社

別表四

区分	総額	処分	
		留保	社外流出
	①	②	③
当期利益又は当期欠損の額	1		
加算　完全支配関係法人間取引の損益の加算調整額	2000	2000	
減算			

別表五(一)【利益積立金額の計算に関する明細書】

区分	期首現在利益積立金額	当期の増減		差引翌期首現在利益積立金額 ①-②+③
		減	増	
	①	②	③	④
繰延譲渡損失			2,000	2,000

B社　　調整なし

② A社とB社の適格合併時

＜税務調整＞

P社　　調整なし

〈事例08〉適格合併での譲受法人の解散による繰延処理の継続

事例

09
グループ会社間での非適格合併

　グループ会社であるＡ社とＢ社は、Ａ社を合併法人、Ｂ社を被合併法人として株主に現金を交付する非適格合併を行いました。非適格合併であるため被合併法人であるＢ社は資産負債を時価で譲渡したものとして、その譲渡損益を合併直前事業年度の損益として認識し、合併法人であるＡ社は資産負債を時価で受入れる処理を行っています。

　なお、Ｂ社の資産には簿価1,500万円（時価2,000万円）の土地が含まれており、合併直前事業年度においてＢ社は土地の譲渡益500万円を益金として申告してＡ社では土地を時価2,000万円で受入れています（図1）。

(図1)

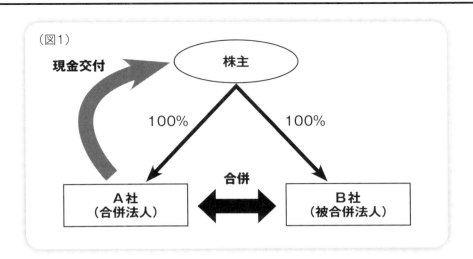

　グループ会社間で非適格合併が行われた場合には、移転した譲渡損益調整資産に係る譲渡損益は合併時に被合併法人において認識せず、合併法人に帳簿価額で移転することとなります。

　したがって、B社における土地に係る譲渡益500万円は繰延べ処理する必要がありましたが、合併直前事業年度において益金として申告してしまいました。

　また、A社は土地をB社の簿価1,500万円で受入れるべきところ、時価2,000万円で受入れ処理してしまいました。

> **正しい対応**
>
> B社の合併直前事業年度の申告について、土地に係る譲渡利益500万円は申告調整により所得から減算する必要があります。
> また、A社については、土地の受入れ価額である2,000万円とB社の簿価1,500万円との差額500万円を申告調整により利益積立金額のマイナスとして処理する必要があります。

［税法等の解説］

　合併法人の株式以外の資産を合併対価とするような場合には非適格合併となり、資産の移転は原則として時価で譲渡されたものとして譲渡損益が計上され、所得の金額の計算上、益金又は損金の額に算入されます（法法62）。ただし、グループ会社内の非適格合併による譲渡損益調整資産の移転については、譲渡損益は繰延べの対象となります（法法61の13①）。

　被合併法人がその非適格合併による譲渡損益調整資産の移転について譲渡損益の繰延制度の適用を受けた場合には、譲渡損益調整資産に係る譲渡利益額に相当する金額は合併法人の譲渡損益調整資産の取得価額に算入しないものとし、また、譲渡損益調整資産に係る譲渡損失額に相当する金額

は合併法人の譲渡損益調整資産の取得価額に算入するものとされています（法法61の13⑦）。

　つまり、グループ内の非適格合併においては、譲渡損益調整資産については被合併法人で譲渡損益を計上せずに帳簿価額で移転することになります。

事例 10
譲渡時の譲渡法人による通知

　A社は以前にグループ会社のB社に土地を譲渡しており、グループ内法人間の譲渡損益の繰延制度の適用によりその譲渡損1,000万円を繰延べています。

　現在、譲受法人B社は既にA社から購入した土地を他社に譲渡していますが、その旨をA社に対して通知しておらず、A社は現在も譲渡損1,000万円を繰延べたままになっています。

　B社は土地を他社に譲渡したときにA社にその旨を通知する必要がありますが、これが行われていないため、A社は譲渡損の計上事由が発生したことを把握していない状況となっています。

> **正しい対応**
> A社はB社がその土地を他社に譲渡した際、繰延べていた譲渡損1,000万円を計上する必要があります。

［税法等の解説］

　譲受法人は、譲渡損益調整資産について繰延べられた譲渡損益を計上することとなる事由が生じたときは、その旨及びその生じた日を、その事由が生じた事業年度終了後遅滞なく、その譲渡損益調整資産の譲渡法人に通知することが義務付けられています（法令122の14⑰）。

　譲渡損益調整資産の譲渡に係る課税繰延の制度は、納税義務の異なる法人間で、取引が行われた後、繰延べられた譲渡損益の計上事由が発生したという情報が提供されることで初めて成り立つ制度といえるため、この情報の提供を確保するために通知義務が設けられています。

　なお、譲渡損益の計上事由が発生した場合のほか、グループ法人間で譲渡損益調整資産を譲渡した時点でも、譲渡法人、譲受法人の双方に一定の内容を通知することが義務付けられています（法令122の14⑮⑯）。

　譲渡法人については、譲渡後遅滞なく次の事項を譲受法人に通知しなければなりません（法令122の14⑮）。

・譲渡した資産が「譲渡損益調整資産」に該当する旨
・減価償却による譲渡損益調整額の損益計上に際しては簡便法を採用
　する場合には、その旨

　ただし、譲渡損益調整資産から除外される売買目的有価証券及び譲渡直前の帳簿価額が1,000万円に満たない資産については通知する必要はありません。
　また、譲受法人については、譲渡法人からの通知を受けた後遅滞なく、次の事項を譲渡法人に通知しなければなりません（法令122の14⑯）。

・譲渡損益調整資産が譲受法人において売買目的有価証券に該当する
　場合には、その旨
・譲渡損益調整資産について簡便法の適用を受けようとする旨の通知
　を受けたときは、譲受法人において減価償却資産又は繰延資産（税
　法上の繰延資産に限る）に該当する場合、その資産に適用する耐用
　年数又はその資産の支出の効果の及ぶ期間

　なお、譲渡法人が適格合併により解散した場合は、合併法人に対して通知することとされています。
　通知は、譲渡法人と譲受法人との間で任意の方法で行って差し支えはありません。通知書の書式の例としては、下記のようなものが考えられます。

（国税庁HP　平成22年度税制改正に係る法人税質疑応答事例（グループ法人税制関係）（情報）より出典）（図1・2）

(図1)

【通知書書式例1】

(図2)

【通知書書式例2】

〈事例10〉譲渡時の譲渡法人による通知

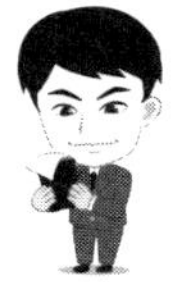

事例 11

個人による完全支配関係における寄附金の取扱い

個人でA社とB社の2社の株式をそれぞれ100％保有していますが、A社からB社に資金を移動させるため現金を寄附し、A社では寄附金を全額損金不算入として処理する一方、B社では受贈益を全額益金不算入として申告しました。

失敗のポイント

グループ内法人間の寄附金の損金不算入及び受贈益の益金不算入は法人を頂点とするグループ法人間に限られるため、個人を頂点とするグループ法人間で行われる寄附には適用されません。

正しい対応

　個人による完全支配関係のある法人間で行われた寄附については、寄附金を支出した法人では損金算入限度額を超える部分の金額が損金不算入となり、寄附金を受領した法人では全額が益金の額に算入されるため二重課税となります。グループ内法人間の寄附金の損金不算入及び受贈益の益金不算入は個人を頂点とするグループ内法人間では適用されないことに留意する必要があります。

　したがって、この場合、B社では受贈益を全額益金算入することになります。

[税法等の解説]

　法人税法においては、法人間の寄附について、支出した法人において寄附金限度内で損金算入し（法法37①）、これを受領した法人において全額益金算入することとされています（法法22②）。しかし、完全支配関係にある法人間において行われる寄附は、グループ全体で見れば単なるグループ内資金移動といえるので、そのような寄附金課税が行われるのはグループ経営の実態に沿わないものと考えられます。そこで、完全支配関係がある内国法人間の寄附については、寄附金を支出した法人において全額損金

〈事例11〉個人による完全支配関係における寄附金の取扱い

不算入（法法37②）とし、これを受領した法人において全額益金不算入（法法25の2）とされます。ただし、これらの規定は法人による完全支配関係に限られるので、個人を頂点とするグループ法人間で行われる寄附には適用されません。

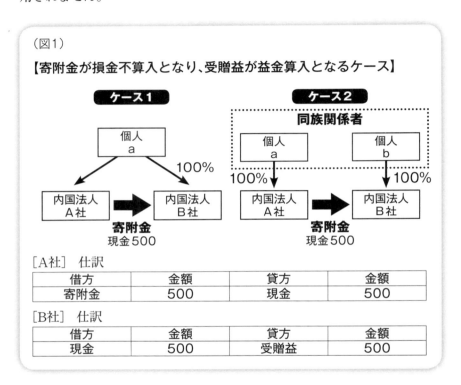

＜ケース1（図1）＞は個人を頂点とした完全支配関係であるため、完全支配関係がある法人間の寄附金の損金不算入及び受贈益の益金不算入の規定の適用は無く、寄附金を支出したA社では支出した寄附金の額のうち損金算入限度額を超える部分の金額が損金不算入とされ、寄附を受けたB社では寄附を受けた金額の全額が益金の額に算入されます。この取扱いは＜ケース2（図1）＞のような同族関係にある個人による完全支配関係のある法人間においても同様です。

(図2)

【寄附金が全額損金不算入、受贈益が全額益金不算入となるケース】

ケース1

内国法人P社が内国法人A社及び内国法人B社を100％支配
A社→B社 寄附金 現金500

ケース2

個人a→内国法人A社→内国法人B社
A社→B社 寄附金 現金500

[A社] 仕訳

借方	金額	貸方	金額
寄附金	500	現金	500

損金不算入

[B社] 仕訳

借方	金額	貸方	金額
現金	500	受贈益	500

益金不算入

　＜ケース1（図2）＞ではA社及びB社は法人による完全支配関係があるので、寄附金を支出したA社では支出した寄附金の額の全額が損金不算入とされ寄附を受けたB社では受贈益の額の全額が益金不算入とされます。＜ケース2（図2）＞の場合でもA社とB社は法人による完全支配関係があるので同様の取扱いとなります。

事例12 寄附修正

　P社は子会社A社・B社を保有していて、そのうちA社については外部への売却を検討しております。A社は含み益を抱えているのですが、売却前にA社からB社に対して寄附を行うことによりA社株の売却価額を下げ、P社ではA社株式の売却損を計上する予定です。

失敗のポイント

　子会社間で寄附を行った場合には、親会社が保有する子会社株式については「寄附修正」が行われるため、子会社間での寄附を行うことにより親会社において子会社株式の売却損を恣意的に増やすことはできないこととされています。

> **正しい対応**
>
> 法人を頂点とするグループ内法人間で寄附金の支出があった場合には、寄附修正事由に該当するため親会社であるＰ社では、寄附を行った側のＡ社株式の帳簿価額が減少し、寄附を受けた側のＢ社株式の帳簿価額を増加させる必要があります。子会社株式の帳簿価額の調整はＰ社の所得金額に影響を及ぼさず、Ｐ社の保有するＡ社株式の帳簿価額は寄附修正により減少しているため意図的に子会社株式の売却損を計上することはできないこととなります。

［税法等の解説］

1. 寄附修正の趣旨

　　法人が寄附金を支出し又は法人が寄附金を収受した場合には、寄附金を支出した法人の株式の価値は減少し、寄附金を収受した法人の株式の価値は増加するものと考えられるので、その法人の株式を有する法人が所有株式を売却した場合には、株式価値の増減分の売却損又は売却益の増減が生じることとなります。

　　100％グループ内法人間の寄附に対して課税関係を生じさせないために、寄附金を支出した法人又は寄附金を収受した法人の株式につい

て100％グループ間の寄附による価値の増減が、その株式を保有している親法人の売却損益の増減にならないようにすることが必要であり、そのために設けられたのが寄附修正です。

2. 寄附修正事由とは

　寄附修正事由とは子法人が法人による完全支配関係のある他の内国法人から受贈益の額で益金不算入となるものを受け、または子法人が完全支配関係のある他の内国法人に対して全額損金不算入となる寄附金の額を支出したことをいいます。つまり、完全支配関係のある法人間で寄附があった場合に、その寄附をした法人で寄附金が全額損金不算入になるとともに、寄附を受けた法人でその受贈益が益金不算入となる場合をいいます。

3. 寄附修正事由が生じた場合の調整方法

　親法人が有する子法人の株式等について寄附修正事由が生じた場合には、以下の算式により計算した金額を利益積立金額及び子法人の株式等の帳簿価額に加算することとされています(法令119の3⑥)。

「受贈益の額×持分割合－寄附金の額×持分割合」

　この算式の持分割合とは、当該子法人の寄附修正事由が生じたときの直前の発行済株式又は出資(当該子法人が有する自己の株式又は出資を除く)の総数又は総額のうちに当該親法人が直前に有する当該子法人の株式又は出資の数又は金額の占める割合をいいます。

　なお、株主における寄附修正は連結納税制度における投資簿価修正(法令9①六、9②)とは異なり、直接株式を保有している法人のみが行うこととされています(法令9①七)。

4．具体例
(1)寄附金を支出又は収受したとき
①寄附金の損金不算入及び受贈益の益金不算入

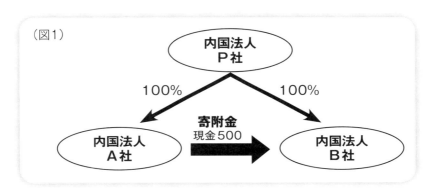
(図1)

P社の100％子会社であるA社からP社の100％子会社であるB社に対して、現金500の寄附が行われた場合、法人による完全支配関係のある法人間で行われた寄附であるため、寄附金を支出したA社では寄附金の額の全額が損金不算入とされ、寄附金を収受したB社では受贈益の額の全額が益金不算入とされます。

②P社における寄附修正

〈P社〉

借方	金額	貸方	金額
利益積立金	500	A社株式	500

※利益積立金減少額＝寄附金額500×持分割合100％＝500

借方	金額	貸方	金額
B社株式	500	利益積立金	500

※利益積立金増加額＝受贈益額500×持分割合100％＝500

A社がB社に対して寄附金500を支出した場合には、P社との間に完全支配関係があるA社及びB社の株式について寄附修正事由が生じているため、P社はA社株式について寄附金の額に持分割合100%を乗じた金額500を利益積立金額から減算し、減算後の帳簿価額を株式の数で除して計算した金額を一株当たりの帳簿価額とします。

　B社株式については、受贈益の額500に持分割合100%を乗じた金額500を利益積立金額に加算するとともに、同額を寄附修正事由が生じる直前のB社株式の帳簿価額に加算し加算後の帳簿価額を株式の数で除して計算した金額を1株当たりの帳簿価額とします。

(2)寄附修正をした株式を売却したとき

　P社が(1)で寄附修正をしたA社株式又はB社株式を他に売却した場合には、税務上は寄附修正後の帳簿価額により譲渡損益の計算を行うこととなります。

［A社株式の売却］

　寄附修正前のA社株式の帳簿価額を1,000、寄附修正後の帳簿価額を500、売却価額を300とした場合にはP社では以下のように取扱います。

会計上

借方	金額	貸方	金額
現預金	300	A社株式	1,000
株式売却損	700		

税務上

借方	金額	貸方	金額
現預金	300	A社株式	500
株式売却損	200		

申告調整

借方	金額	貸方	金額
A社株式	500	株式売却損	500

　会計上は寄附修正前のA社株式の帳簿価額と売却価額との差額700が売却損として計上されますが、税務上は寄附修正によりA社株式の帳簿価額は500と算出されるため売却損は200になり、会計上の売却損700と税務上の売却損200との差額は法人税申告書上で加算調整されることとなります。

〈事例12〉寄附修正

事例 **13**

低額譲渡

A社は時価1,000万円、帳簿価額500万円の資産をグループ内の子会社（B社）に対して帳簿価額の500万円で譲渡したところ、税務調査で寄附金認定されてしまいました（図1）。

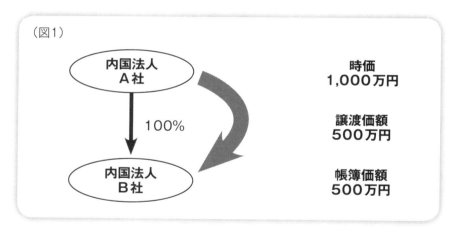

（図1）

**失敗の
ポイント**　資産を時価より低い対価で譲渡する場合、グループ内法人間であっても、その時価と対価の差額が寄附金として課税の対象となります。

> **正しい対応** このケースでA社は時価で譲渡したことになるため譲渡益500万円が計上され、時価と対価との差額500万円について寄附金の損金不算入の適用を受けることになります。B社では時価と対価との差額500万円について受贈益計上がなされますが、受贈益の全額が益金不算入となります。

［税法等の解説］

1. 寄附金の範囲

　法人税法上の寄附金とは、寄附金、拠出金、見舞金その他のいずれの名義を問わず、金銭その他の資産の贈与又は経済的利益の無償の供与等をいい、贈与又は供与時の時価が寄附金の額とされています。ただし、広告宣伝、交際費、福利厚生費等とされるべき一定の支出は除外されます（法法37⑦）。

　また、無償の場合に限らず、資産を時価より低い対価で譲渡する場合や経済的利益を時価より低い対価で供与する場合における時価と対価の差額（法法37⑧）も寄附金の額に含まれます。

2. 低額譲渡と寄附金、受贈益との関係

　内国法人が資産の譲渡又は経済的な利益の供与をした場合において、その譲渡等の対価がそのときの時価に比して低いときは、当該対

価と時価の差額のうち実質的に贈与又は無償の供与と認められる金額は寄附金とされることは従来の取扱いの通りですが（法法37⑧）、これを受ける側の法人においても当該金額が受贈益に含まれる旨が明確にされました（法法25の2③）。

3. 低額譲渡の場合における寄附金及び受贈益の取扱い

法人による完全支配関係のある法人間で行われる譲渡等の対価と時価の差額のうち実質的に贈与等と認められる差額がある場合、譲渡法人においては寄附金として当該差額全額が損金不算入に、譲受法人においては受贈益として全額益金不算入とされます（法法25の2①、37②）。この取扱いは低額譲渡の場合であっても通常の寄附金の場合と同様です。

4. 譲渡資産等が譲渡損益調整資産に該当する場合の取扱い

ただし、譲渡等の対象となる資産等が「譲渡損益調整資産」に該当する場合、譲渡法人側での取扱いが異なるため留意が必要です。

譲渡資産の帳簿価額と時価との差額は、譲渡法人において譲渡損益とされますが、譲渡資産が譲渡損益調整資産にあたる場合には、譲渡利益相当額を損金算入又は益金算入し繰延べることとなります（法法61の13）。

MEMO

事例

14

非適格となる現物分配

　　外国法人である親会社Ｐ社は内国法人Ｓ1社及びＳ2社を下図のように支配していました。また、内国法人Ｓ2社は、親会社Ｐ社及び内国法人Ｓ1社に対して、現物配当により資産を移転しました。

　　そして、現物配当により移転した資産の簿価が1,500万円であり、確定のときの時価が2,000万円であったにもかかわらず、内国法人Ｓ2社は確定の日の属する事業年度の所得金額の計算上、時価簿価差額500万円を益金として申告しませんでした（図1）。

(図1)

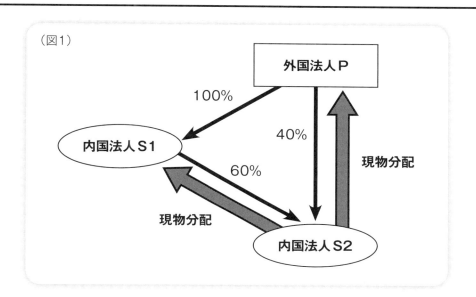

　このケースではS2社が金銭以外の財産をもって、剰余金の配当を行いました。本事例のように、S2社の行った現物配当における被現物分配法人が複数あるようなケースにおいて、その被現物分配法人の中に外国法人が含まれるときには、税務上は現物分配全体が非適格となります。

〈事例14〉非適格となる現物分配

> **正しい対応** 現物分配が非適格となった場合には、その移転した資産の直前の帳簿価額に基づき所得の計算をすることはできません。そのため、内国法人S2社は配当財産を時価である2,000万円により譲渡したものとして譲渡益500万円を計上し、所得の計算をすることになります。

［税法等の解説］

　平成22年度の税制改正前において、法人が現物配当を行った場合、すなわち利益又は剰余金の配当として金銭以外の資産を株主に移転させた場合には、「無償による資産の譲渡」に該当し、当該資産の譲渡損益の額は益金の額又は損金の額に算入することとされていました（法法22②）。

　平成22年度の税制改正により、適格現物分配が組織再編成の一形態に位置づけられ、適格現物分配に該当する場合、内国法人が被現物分配法人にその有する資産の移転をしたときには、資産の譲渡損益は実現していないものとして、その移転した資産の直前の帳簿価額に基づき所得の計算をすることとされました。

　ここで、現物分配とは「法人（公益法人等及び人格のない社団等を除く）がその株主等に対し当該法人の剰余金配当等の一定事由により金銭以外の資産を交付すること」と定義されています（法法2十二の五の二）。また、適格現物分配とは、「内国法人を現物分配法人とする現物分配のうち、その

現物分配により資産の移転を受ける者がその現物分配の直前においてその内国法人との間に完全支配関係がある内国法人（普通法人又は協同組合等に限る）のみであるものをいう」と定義されています（法法２の十二の十五）。

　そのため、適格現物分配の定義上、適格現物分配として認められるためには、完全支配関係がある現物分配法人と被現物分配法人がともに一定の内国法人のみである必要があります。したがって、現物分配を一つの行為で複数の被現物分配法人に対して行う場合には、被現物分配法人の中に一者でも個人、外国法人、公共法人、公益法人等又は人格のない社団等が含まれれば、現物分配全体が非適格となります。

　このように考えるのは、適格現物分配によって課税の繰延べられた資産が国外や公益法人等・人格のない社団等の制限納税義務者に移転した場合、課税の機会を失ってしまうためです。

（国税庁HP平成22年度税制改正に係る法人税質疑応答事例（グループ法人税制関係）（情報）より出典）

〈事例14〉非適格となる現物分配　　65

事例

15

適格現物分配

　S社は、親会社P社に剰余金の配当として、遊休資産を交付しました。当該遊休資産は過去に減損損失が計上されており、S社は税務上も適切に処理していました。S社は現物分配に伴い、直前の会計上の帳簿価額に相当する金額を利益積立金額から減算するのみで、その他税務上の調整は行いませんでした。

　なお、当該遊休資産の会計上の帳簿価額は2,000万円であり、減損損失の税務否認額は500万円でした。

失敗のポイント

本事例はＳ社が親会社Ｐ社のグループ会社であるため、適格現物分配に該当します。そのため、現物分配をした資産はその現物分配直前の帳簿価額により譲渡したものとして、現物分配をした法人の所得金額の計算をします。この点、現物分配をした資産には減損損失の税務否認額があり、会計上と税務上で帳簿価額が相違していたことから、申告調整が必要となります。

正しい対応

現物分配をした資産の会計上の帳簿価額と税務上の帳簿価額に相違があるため、Ｓ社は、税務上の帳簿価額により譲渡したものとして、所得の計算をする必要があります。

［税法等の解説］

　法人が適格現物分配により被現物分配法人にその有する資産の移転をしたときは、当該被現物分配法人に当該移転をした資産の当該適格現物分配直前の帳簿価額（当該適格現物分配が残余財産の全部の分配である場合には、その残余財産の確定時の帳簿価額）による譲渡をしたものとして、現物分配した法人の所得の金額を計算します（法法62の5③）。

　適格現物分配が剰余金の配当、若しくは利益の配当又は剰余金の分配に

より行われた場合には、その交付を受けた資産のその交付直前の帳簿価額に相当する金額を利益積立金額から減算します（法令9①四）。

　本事例では適格現物分配に係る資産が減損損失を計上している固定資産であることから、税務上の現物分配直前の帳簿価額は減損損失を加算した金額となります。一方、会計上の帳簿価額は減損損失計上後の帳簿価額であり、税務上の帳簿価額と会計上の帳簿価額が相違することから、申告調整が必要となります。

　具体的には、以下のように申告調整がなされると考えられます。

〈会計上の仕訳〉

| ［借方］繰越利益剰余金 | 2,000 | ［貸方］固定資産 | 2,000 |

〈税務上の仕訳〉

| ［借方］繰越利益剰余金 | 2,500 | ［貸方］固定資産 | 2,500 |

＜税務調整＞

別表四

区分			総額	処分		
				留保	流出	
			①	②	③	
当期利益又は当期欠損の額		1	×××	×××	配当	2,000
加算	固定資産		500		配当	500
減算	固定資産		500	500		

別表五(一)【利益積立金額の計算に関する明細書】

区分	期首現在利益積立金額	当期の増減 減	当期の増減 増	差引翌期首現在利益積立金額 ①-②+③
	①	②	③	④
固定資産（減損損失）	500	500		0

〈事例15〉適格現物分配

事例

16

親会社株式の現物分配

　P社の100％子会社であるS社は、S社を合併法人、G社を被合併法人とする吸収合併によりG社が保有していたP社の株式を承継しました（持分10％）。S社はP社株式（親会社株式）を相当の時期までに処分する必要があることから（会社法135③）、P社株式をP社に現物配当しました。その際、S社では、会計上の処理としてP社株式を現物配当の直前の時価により交付したのみで、その他の処理は行いませんでした。

　なお、現物分配直前の親会社株式の時価は2,000万円であり、帳簿価額は1,500万円でした（図1）。

(図1)

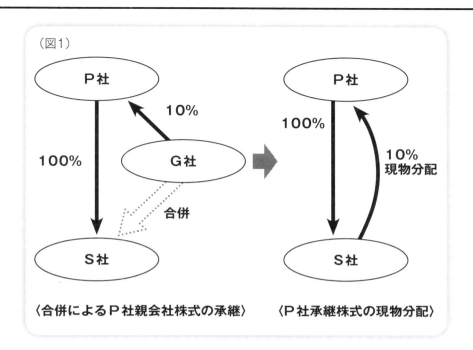

〈合併によるP社親会社株式の承継〉　〈P社承継株式の現物分配〉

失敗の
ポイント

今回のケースでは、剰余金の分配によりグループ内で株式の移転があっただけにもかかわらず、500万円の益金計上をしてしまいました。グループ法人税制では、資産の移転の手段にかかわらず、一定要件を満たした現物分配であれば、譲渡損益は繰延べられます。また、適格現物分配の対象となる資産は、金銭以外の資産であれば特に制限はありません。

> **正しい対応** S社は、P社株式を適格現物分配として現物分配直前の帳簿価額により交付したものとして、所得金額の計算を行います。

[税法等の解説]

　事例14の解説の通り現物分配とは、「法人（公益法人等及び人格のない社団等を除く）がその株主等に対し当該法人の剰余金配当等の一定事由により金銭以外の資産を交付すること」と定義されています（法法２十二の五の二）。また適格現物分配とは、「内国法人を現物分配法人とする現物分配のうち、その現物分配により資産の移転を受ける者がその現物分配の直前においてその内国法人との間に完全支配関係がある内国法人（普通法人又は協同組合等に限る）のみであるものをいう」と定義されています（法法２十二の十五）。

　そのため、適格現物分配の定義上、被現物分配法人に交付する資産については金銭以外の資産であれば特に制限がありません。したがって、本事例のように親会社P社に対して剰余金の配当として親会社株式を交付する場合であっても、現物分配の直前に子会社S社と親会社P社との間に完全支配関係が存在するのであれば、当該現物分配は適格現物分配となります。本事例では、現物分配が適格現物分配となることから、P社は以下の仕訳のような処理を行うべきでした。

① 誤った処理

| [借方]自己株式 | 2,000 | [貸方]受取配当金 | 2,000 |

② 正しい処理

| [借方]自己株式 | 1,500 | [貸方]受取配当金 | 1,500 |

益金不算入

③ 修正処理

| [借方]受取配当金 | 500 | [貸方]自己株式 | 500 |

(国税庁HP　平成22年度税制改正に係る法人税質疑応答事例より出典)

〈事例16〉親会社株式の現物分配

事例

17

適格現物分配における欠損金の利用制限

　　P社の100％子会社であるS社は、親会社P社に、自ら保有していたP社株式を現物分配により交付しました。この現物分配は適格現物分配に該当することから、P社はその取得した自己株式を帳簿価額により計上しました。また、P社は当該事業年度開始の日の4年前にS社の株式を全て取得していたことから、支配関係が生じる前の事業年度の欠損金を切り捨て当該事業年度の所得計算を行いました。なお、P社が所得計算の際に切り捨てた欠損金については、現物分配により取得した自己株式の含み益の範囲内としました（図1）。

(図1)

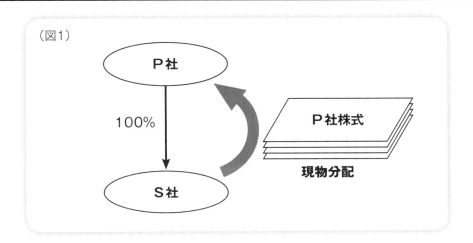

被現物分配法人において切り捨てられる欠損金額については、適格現物分配による移転資産の含み益の範囲内とする特例が設けられています（法令113⑤⑥）。しかし、移転された自己株式の取得については、親会社P社にとって資本等取引に該当します。そのため、P社にとって自己株式は資産として取扱われないことから、自己株式については含み益の計算に含める必要はありませんでした。

〈事例17〉適格現物分配における欠損金の利用制限　　**75**

> **正しい対応** 親会社Ｐ社において支配関係が生じる前の事業年度に生じた欠損金については、特例を適用することにより、全額利用することが可能になります。

　　　　　　　　［税法等の解説］

　本事例のように、Ｐ社を被現物分配法人とする適格現物分配が行われた場合には、一定の場合を除き、その法人の適格現物分配の日が属する事業年度開始の日前10年（注）以内に開始した各事業年度において生じた欠損金額の一部又は全部を切り捨てられるものとする措置が設けられました（法法57④）。

　切り捨てられる欠損金額については、以下の2つとなります。

　① 支配関係事業年度（当該内国法人と支配関係法人との間に最後に支配関係があることとなった日の属する事業年度）前に生じた金額
　② 支配関係事業年度以後に生じた金額のうち法人税法第62条の7第2項に規定する特定資産譲渡等損失相当額の合計額

　また、上記の欠損金の制限措置に関しては、確定申告書への明細書の添付等を要件とし切り捨てられる欠損金額を移転資産の含み益の範囲内とすることができる特例が設けられました（法令113⑤⑥）。
　本事例では、適格現物分配により取得した自己株式に含み益が生じておりましたが、Ｐ社にとって自己株式の取得は資本等取引であり、適格現物

分配により移転を受けた自己株式については、現物分配における当該適格現物分配の直前の帳簿価額に相当する金額を資本金等の額から減算されることとなっていることから、税法上P社においてその自己株式は資産として取扱われません。

したがって、P社が現物分配により取得した自己株式については、含み益の計算には影響をさせないものとして、この特例を適用することとなります。

なお、支配関係が当該適格現物分配の日が属する事業年度開始日の5年前の日までに生じている場合には、被現物分配法人において欠損金の利用制限はありません。

（国税庁HP平成22年度税制改正に係る法人税質疑応答事例より出典）

(注) 平成20年3月31日以前に終了する事業年度に生じた欠損金については7年。
平成20年4月1日から平成30年3月31日までに開始する事業年度に生じた欠損金は9年。
平成30年4月1日以後に開始する事業年度に生じた欠損金は10年。

事例

18
完全子法人株式等からの配当

　A社は3月決算法人です。6月決算法人の法人Bから、平成30年9月25日に資本剰余金を原資とする配当金を受け、みなし配当が生じました。法人Bの株式は、平成30年3月20日に全株を取得し完全子法人としており、配当の支払期間を通じて所有していないため、負債利子を控除して配当金の益金不算入額を算定し、申告しました。

失敗のポイント

　みなし配当については、配当の支払期間という概念がないため、配当の支払効力発生日の前日において完全支配関係がある法人からの配当金は、完全子法人株式等に該当するにもかかわらず、完全子法人株式等に該当しないものとして負債利子を控除してしまいました。

> **正しい対応** Aが平成30年8月に受けたBからの配当金は、「完全子法人株式等からの配当等」とされるため、全額益金不算入となります。

[税法等の解説]

　平成27年度税制改正により、完全子法人株式等、関連法人株式等、非支配目的株式等、左記3区分の株式等のいずれにも該当しない株式等の4区分に分けて益金不算入額が計算されることとなりました。対象株式がこの区分でいう「完全子法人株式等」に該当する場合には、その配当金が全額益金不算入とされます。

　ところで、完全子法人株式等とは、配当等の額の計算期間の開始の日から計算期間の末日まで継続して、内国法人とその支払いを受ける配当金の額を支払う他の内国法人との間に完全支配関係があった場合の当該他の内国法人の株式又は出資をいいます。したがいまして、配当等の額の計算期間の中途で完全支配関係となった場合には、完全子法人株式等からの配当等には該当しません。

　ただし、支払いを受ける配当等の額がみなし配当等の額であるときは、配当計算期間の概念がないため、その金額の支払いに係る効力が生ずる日の前日において法人と他の内国法人との間に完全支配関係があった場合の当該他の内国法人の株式又は出資が完全子法人株式等に該当することになります（法令22の2①）。

　したがって、支払いを受ける配当がみなし配当である場合、当該配当に

〈事例18〉完全子法人株式等からの配当

ついては、配当の効力発生日の前日に完全支配関係が生じていれば、完全子法人株式等に係る配当等の額に該当することとなります。

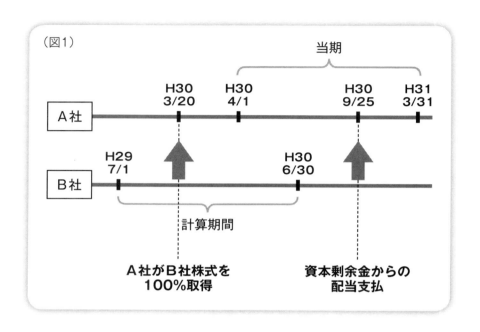

MEMO

事例 **19**

負債利子額の算定方法

　A社は3月決算法人です。平成31年3月期の申告時において、関連法人株式等に該当する子会社S社からの配当金の益金不算入額を、原則法ではなく簡便法を用いて算定しました。なお、平成28年4月1日にA社を合併法人とし、平成27年11月1日に設立したB社を被合併法人とする適格合併を行っております。

失敗のポイント

　負債利子額の算定方法については、簡便法が認められます。しかし簡便法が適用できるのは平成27年4月1日時点で存在する法人のみであり、B社は平成27年11月1日に設立した法人であるため、簡便法は適用できませんでした。

> **正しい対応** 平成27年4月1日時点で存在していない法人は、負債利子控除時に簡便法は適用できません。A社は過去にB社と合併しており、被合併法人であるB社は、平成27年4月1日に存在していないため、原則法で負債利子を計算します。

［税法等の解説］

　受取配当等の益金不算入を算定する際に、関連法人株式等に係る配当金については、配当金の額から負債利子を控除することとなります。この控除する負債利子の額は、原則として次の算式により計算します。

関連法人株式等に係る負債の利子の額

（図1）

$$控除負債利子 = 負債利子 \times \frac{当期末及び前期末の関連法人株式等帳簿価額の合計額}{当期末及び前期末の総資産帳簿価額の合計額}$$

　なお、負債利子の額に乗じる割合は、上記のように総資産に占める株式等の割合が原則として用いられますが、簡便計算として基準年度（平成27年4月1日から平成29年3月31日までの間に開始した各事業年度）の負債の利子額のうちに占める関連法人株式等に係る負債の利子の額の割合によ

ることも認められます。

　その法人が平成27年4月1日後に行われる適格合併に係る合併法人である場合には、その法人及びその適格合併に係る被合併法人の全てが平成27年4月1日に存していたものについてのみ簡便計算が適用されます。当該合併が新設合併である場合には、被合併法人の全てが平成27年4月1日に存していたものについてのみ簡便計算が適用されます。

　簡便計算が適用される場合には、合併法人及び被合併法人の数値を合算して負債利子控除割合を算定します。なお、連結法人については、簡便計算は適用することはできません。

　また、基準年度が平成27年4月1日から平成29年3月31日までの間に開始した各事業年度となったことで、平成27年4月1日以後最初に開始する事業年度においては、基準年度はその事業年度の1年間のみとなります。したがいまして、改正初年度については、原則的な計算方法を採用した場合と控除負債利子の額は同額になります。

　その他、留意すべき点として、改正前の基準年度（平成22年4月1日から平成24年3月31日までの間に開始した各事業年度）による負債利子控除割合を用いる等の経過措置は設けられておりませんので注意が必要です。

MEMO

事例 **20**

完全子法人株式等の認識時期

　A社は3月決算法人です。平成31年3月期の申告時に、6月決算法人のB社から平成30年9月に受取った配当金につき、期末時点で100％支配しているため、完全子法人株式等に係る配当金として全額益金不算入として処理しました。
　なお、B社株式は、数年前より50％保有しておりましたが、平成30年5月1日に他の株主から残りの50％を取得することでグループ内にしています。

失敗のポイント
　A社は、B社の株式を配当金計算期間（平成29年7月1日から平成30年6月30日）を通じて保有していないため、関連法人株式等に該当するのにもかかわらず、完全子法人株式等として処理してしまいました。

86

正しい対応: B社株式は、関連法人株式等に該当し、配当金の額から負債利子を控除した額をもって益金不算入額として処理します。

[税法等の解説]

　平成22度年税制改正により、受取配当等の益金不算入制度における株式等の区分に新たに「完全子法人株式等」が設けられることとなりましたが、ここでいう完全子法人株式等とは、配当等の額の計算期間開始日から計算期間の末日まで継続して、法人とその支払いを受ける配当金の額を支払う他の法人との間に完全支配関係があった場合の当該他の法人の株式又は出資をいいます。すなわち、配当金の計算期間中途で株式を100％保有する状態となった場合には、期末に100％保有していても、完全子法人株式等には含まれません。完全支配関係がある他の法人には、連結完全支配関係がある他の法人が含まれ、完全支配関係には、外国法人が介在する完全支配関係も含まれます。株式又は出資からは、公益法人等、人格のない社団等、特定目的会社、投資法人、特定目的信託に係る受託法人、特定投資信託に係る受託法人は除かれます。

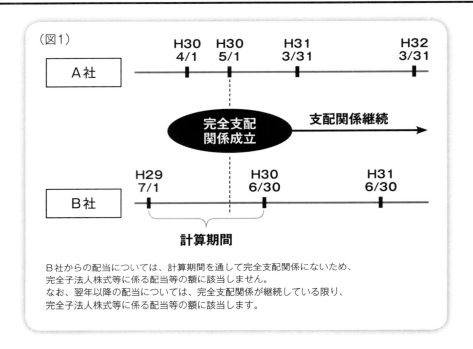

　なお、例えば、配当金を受取る法人（a社）が、配当金の計算期間の中途において配当金を支払う法人（b社）との間に完全支配関係を有することとなった場合であっても、その計算期間の開始の日からその完全支配関係を有することとなった日まで継続してb社と他の者（c）との間にcによる完全支配関係があり、かつ、同日からその計算期間の末日まで継続してa社とcとの間及びb社とcとの間にcによる完全支配関係があったときも、「法人とその支払いを受ける配当等の額を支払う他の法人との間に完全支配関係があった場合」に含まれます。したがいまして、その場合のb社の配当金は、a社の益金不算入算定時において、完全子法人株式等に係る配当等の額として取扱うこととなります。

MEMO

事例

21

グループ内法人間の受取配当等の益金不算入

　Ａ社はＰ社に100％保有されているグループ内の法人です。親会社であるＰ社が60％保有し、Ａ社が40％保有しているＢ社からの配当金について、Ａ社単独では100％を保有していない法人からの配当金であるため、関連法人株式等に係る配当金として、配当金から負債利子を控除した額をもって、益金不算入の額と処理しました（図1）。

(図1)

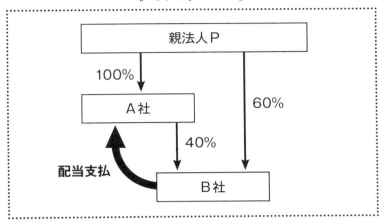

※A社はB社を完全支配していませんが、同一の100%グループに属しているため、B社からの配当金は、グループ全体を通じて完全子法人株式等に係る配当等の額に該当することになります。

失敗のポイント

　グループ全体で100%保有している法人からの配当金は、たとえ配当金を受取る法人が直接又は間接に配当支払法人を完全支配していない状態であっても、その配当金は、完全子法人株式等に係る配当等に含まれるにもかかわらず、関連法人株式等に係る配当金に含めてしまいました。

〈事例21〉グループ内法人間の受取配当等の益金不算入

> **正しい対応**　B社からの配当金は、完全子法人株式等に係る配当金に該当するため、負債利子を控除せず、配当金の額全額を益金不算入として処理します。

［税法等の解説］

　配当金の計算期間を通じて完全支配関係のある完全子法人株式等の配当金については、その全額が益金不算入の額に算入されます。法人が株式等の全部を直接又は間接に保有していないものの同一100％グループに属する他の法人から配当金の額を受けた場合において、その配当金の額の全額が益金不算入となるかが問題となります。

　この点については、法基通3-1-9で、法人が株式等の全部を直接又は間接に保有していない他の法人から配当金の額を受けた場合において、その配当金の額の計算期間開始日からその計算期間の末日まで継続して、当該法人と当該他の法人とが同一の100％グループに属している法人であるときは、当該他の法人株式等の保有割合にかかわらず、その配当金の額の全額が益金不算入とされること、となっています。すなわち、配当金を受取る法人と支払う法人との間に直接又は間接的に完全支配する関係になくても、グループ全体を通じて完全支配している法人からの配当金について、完全子法人株式等として取扱われることとなります。

　したがって、A社は、B社から受取る配当金の額については、完全子法

人株式等に係る配当金として、全額益金不算入として処理されることとなります。

事例 **22**

グループ内法人間の中小法人特例の不適用

　A社は資本金額が10億円で中小法人の特例規定の適用を受けることができません。そこで子会社B社を設立しB社で申告の際に中小企業の軽減税率、貸倒引当金の法定繰入率、交際費の損金不算入制度における定額控除額制度を適用することにより節税を図ろうと考えましたが、上記の中小法人の特例の適用を受けることができませんでした。

　平成22年4月1日以後開始する事業年度においては、資本金の額又は出資金の額が5億円以上の大法人に支配されている子法人等はその子法人等の資本金の額又は出資金の額が1億円以下であっても中小法人特例の規定が適用されないこととされました。

> **正しい対応** 資本金の額又は出資金の額が5億円以上の会社の100％子会社である中小法人については、中小法人の特例の適用を受けることができないので、中小法人の特例による節税目的で子会社を設立することは得策ではないと考えられます。

[税法等の解説]

　中小法人（資本金の額又は出資金の額が1億円以下の法人）に係る次の制度は、大法人（資本金の額若しくは出資金の額が5億円以上の法人、相互会社又は外国相互会社、法人課税信託の受託法人）との間に大法人による完全支配関係がある法人については適用されないこととなりました。

① 貸倒引当金の繰入れ
② 欠損金等の控除限度額
③ 軽減税率
④ 特定同族会社の特別税率(留保金課税)
⑤ 貸倒引当金の法定繰入率の選択
⑥ 交際費等の損金不算入制度における定額控除制度
⑦ 欠損金の繰戻しによる還付制度

〈事例22〉グループ内法人間の中小法人特例の不適用

これらの中小法人の優遇税制は、「中小企業は、財務基盤も弱く資金調達能力に対する税制上の一定の配慮が必要である」ことから政策上の配慮から設けたものです。これに対して大法人の子会社である中小法人は、グループ法人税制の導入により、大法人の分社化した1つの事業部門という位置づけから独立した他の中小法人と同等の恩典を与える理由に乏しいため、中小法人の優遇税制を適用しないこととされました。

　なお、資本金・出資金額5億円以上の基準とされたのは、税法上の大法人では社会通念上の大企業より広範すぎるため、会計監査人監査が義務付けられている会社法上の大会社の定義に準じたためです。なお会社法上の大会社は資本金5億円以上又は負債の額が200億円以上の株式会社とされていますが、本規定では資本金又は出資金の額のみで判定されることとなります。

　大法人による完全支配関係とは大法人が普通法人の発行済株式等の全てを直接又は間接に保有する関係をいうので、大法人の孫会社、曾孫会社も大法人による完全支配関係のある法人に含まれ、中小法人の特例を受けられないこととなります（法基通16-5-1）。

　なお中小法人の特例の制限における法人には外国法人も含まれているため、資本金又は出資金の額が5億円以上である外国法人との間に法人による完全支配関係のある中小法人についても、中小法人の特例が適用されないこととなります。

MEMO

事例

23

非適格合併時の
みなし配当

　A社は子会社・関係会社を複数抱える建設関連の株式会社です。先般、意思決定の迅速化の観点から、広告業を営むB社（A社の出資比率50%）を吸収合併することとなり、合併対価として、A社の新株を予定していました。A社とB社とでは事業に関連性がなく、非適格合併に該当するとの認識があり、非適格合併により金銭等を交付する場合には、そのうち一部が配当とみなされ、源泉徴収義務が生じるとの認識はありました。しかし、本件の場合、対価は株式のみであり金銭の交付は行わないことから、源泉徴収等の手続きは考慮しておりませんでした。

　合併の方向性が定まった後、コンサルタント契約を結んでいた税理士に相談したところ、交付する新株の価額が、B社の資本金等の額を上回るため、対価が株式のみであっても源泉徴収義務は免れられない旨の指摘を受け、計画の一部練り直しが必要となってしまいました。

失敗のポイント　非適格合併にもかかわらず、対価が合併法人株式のみということで、源泉徴収義務がないと誤認してしまいました。

正しい対応　非適格合併かつ対価が合併法人株式のみで、源泉徴収の必要がある場合には、多くの場合後日該当する株主から税額を徴収しなくてすむように、相当額を合併交付金として交付します。

[税法等の解説]

　合併の税務上の取扱いは、その合併が一定要件を満たす適格合併に該当するか、一定要件を満たさない非適格合併に該当するかにより大きく異なります。非適格合併の場合、被合併法人は合併法人から合併対価として新株等の交付を受け、これを直ちに被合併法人の株主に交付したものにされ

ます。被合併法人の株主の受ける新株等には「資本の払戻し」と「留保所得の分配」の2つの要素があり、このうち留保所得の分配部分について配当とみなされることになります。

　本件の場合、非適格合併に該当することから、合併対価の一部が配当とみなされることとなります。配当とみなされる以上、対価に金銭が含まれるか否かにかかわらず、合併法人であるＡ社に源泉徴収義務が生じるため、合併対価のうちに金銭が含まれていない場合には、後日該当する株主から徴収する必要があります。こういった煩雑さを避けるため、実務上多くの場合において源泉徴収額相当額を合併交付金として交付します。なお、合併があった場合の被合併法人株主の課税関係をまとめると、（図1）のようになります。

（図1）【合併があった場合の被合併法人の株主の課税関係】

		適格合併		非適格合併	
		みなし配当課税	株式譲渡損益	みなし配当課税	株式譲渡損益
合併対価	合併法人株式又は合併親法人株式のいずれか一方の株式又は出資以外の資産が交付されない場合	なし	生じない	あり	生じない
	上記以外	―（注1）		生じる（注2）	

（注1）合併交付金等の交付がある場合には、非適格合併となります。
（注2）合併法人に係る抱合株式については生じません。

MEMO

事例

24
自己株式の取得による
みなし配当

　　S社は子会社を複数抱える情報通信関連の株式
会社です。グループ内の子会社の株式は、S社が
100%保有することを基本としておりますが、
折からの不況の中比較的好調であった飲食関連の
子会社（C社）についてのみ、S社の保有比率は約
80%となっております。この度のグループ法人
税制施行に伴い、交渉を進めた結果、C社の少数
株主（法人）の保有株式をC社に買取らせ、当社の
100%子会社とすることとなりました。

　　なお自己株式の取得にあたり、少数株主に交付
する対価のうち一部は、配当として源泉徴収の対
象となることを承知しておりましたので、C社の
経理担当者に（図1上）の算式により配当とされる
金額を計算して源泉徴収を行うとともに、少数株
主に対し、手取額の支払いと（図1下）の事項の通
知をするよう指導致しました（図1）。

(図1)

<計算式>

$$交付金銭等の時価 - \frac{C社の取得直前の資本金及び資本剰余金の合計額}{C社の取得直前の発行済株式数} \times 取得する自己株式の数$$

<法人株主への通知事項>

法人税法施行令第23条第4項に規定する事項	ご通知事項
金銭その他の資産の交付の起因となった法人税法第24条第1項各号に掲げる事由	自己の株式又は出資の取得
その事由の生じた日	平成×年×月×日
みなし配当額に相当する金額の1株当たりの金	1株当たり ××円

失敗のポイント みなし配当の金額の計算にあたり、会計上の資本金及び資本剰余金の合計額を基礎としてしまいました。

正しい対応 法人税法上の資本金等の額を基礎として、みなし配当の金額を計算する必要があります。

〈事例24〉自己株式の取得によるみなし配当

[税法等の解説]

　自己株式の取得方法には、株主から直接買取る場合（相対取引）と市場を通して買取る場合がありますが、このうちみなし配当が生じるのは相対取引による自己株式の取得に限られます。相対取引により自己株式の取得の対価として金銭等を交付した場合には、交付金銭等を、資本の払戻しと留保所得の払戻しとに区分し、留保所得の払戻し部分の金額については、配当の支払いとみなされます。取得法人は、配当とみなされる金額について源泉徴収を行うとともに、1株当たりのみなし配当の金額を株主に通知する必要があります。

　資本の払戻しと留保所得の区分については、法人税法上の資本金等の額を基準として（図2）の算式により計算を行う必要があり、会計上の資本金及び資本剰余金の合計額を基準として資本の払戻額の算定を行うことはできません。

（図2）
＜みなし配当の金額の計算方法＞（法法24①四、法令23①四）

$$交付金銭等の時価 - \frac{取得等法人（注1）の取得等直前の資本金等の額（注2）}{取得等法人（注1）の取得等直前の発行済株式数（注3）} \times 取得等される自己株式の数$$

(注1) 取得等法人とは、自己株式の取得等を行った法人をいいます。
(注2) ゼロ以下である場合には、ゼロとなります。
(注3) 自己株式の数を除きます。

なお、発行法人に株式の譲渡を行った株主においては、みなし配当の金額の認識と併せて下記の算式により、株式譲渡損益の計算も行う必要があります。

(図3)
＜株式譲渡損益の計算方法＞（法法61の2①）

事例

25

残余財産の分配に係る
みなし配当

　　A社は子会社を複数抱える不動産管理関連の株式会社です。A社の子会社で、貸金業を営むD社（当社及び当社のグループ法人の保有割合は70%）は、継続的に利益をあげておりましたが、法改正による事業環境の変化により、業績の好転が見込めない状況でした。今般、会社財産の毀損が進まないうちに清算することとなり、当事業年度において解散の特別決議、債務の弁済等を経て、残余財産が確定し、その分配を受けました。当社は次の会計処理の通り、D社株式の帳簿価額と残余財産の分配額との差額を子会社株式消滅損として計上し、その他の処理については行っておりません（図1）。

（図1）

借方	金額	貸方	金額
現金預金 （残余財産の分配額）	800	D社株式 （分配直前の帳簿価額）	5,000
子会社株式消滅損	4,200		

失敗のポイント

残余財産の分配があったが、分配額のうちに配当とみなされる金額が含まれており、またその金額につき源泉徴収されているとの認識がないため、確定申告において益金不算入や税額控除の適用を受けることができませんでした（改正により当初申告要件が廃止されたため、現在は、更正の請求による対応が可能になりました）。

正しい対応

清算法人が、株主に対して残余財産の分配を行う場合には、

・残余財産の分配を行う旨
・みなし配当額に相当する金額の1株当たりの金額
・その他一定の事項

を、株主に通知しなければならないこととなっています。

残余財産の分配を受けた株主は、清算法人から通知される上記事項に基づき、一定要件の下益金不算入や税額控除の適用を受けることができます。

[税法等の解説]

　株主等が受ける残余財産の分配額のうち、資本金等の額に対応する部分以外については、留保されている所得である利益積立金額の分配を受けたものとして、配当とみなされます。

　清算法人にあっては、配当とみなされる金額について源泉徴収を行う義務があります。その一方で、残余財産の分配を受けた法人株主は、配当とみなされる金額については、受取配当等の益金不算入の適用が、源泉徴収された金額については、所得税額控除の適用がそれぞれ想定されます。配当とみなされる金額の計算式は下記の通りですが、実務上清算法人から通知される1株当たりのみなし配当の金額に直前に有していた株式数を乗じることにより簡易に計算が可能です。ただし、いずれも申告書に一定事項を記載することが必要であるため、記載を失念しないよう注意が必要となります。

(図2)

＜みなし配当の金額の計算方法＞（法法24①三、法令23①三）

みなし配当の金額 ＝ 残余財産の分配額 － 清算法人株式に対応する資本金等の額

$$\text{清算法人株式に対応する資本金等の額} = \text{分配直前の払戻等対応資本金額等} \times \frac{\text{分配直前に有していた清算法人株式の数}}{\text{清算法人の発行済株式総数}}$$

$$\text{分配直前の払戻等対応資本金額等} = \text{分配直前の資本金等の額} \times \underbrace{\frac{\text{清算法人の残余財産の分配額（分母の金額を限度とする）}}{\text{清算法人の払戻に係る直前事業年度末の簿価純資産額（注1）}}}_{\text{残余財産の分配割合}} \text{（注2）}$$

(注1) ・負債の計算上、新株予約権に係る義務を含める。
　　　・直前事業年度末以降分配の直前までに、資本金等の額の増減がある場合には、その増減額を加減算する。
(注2) ・小数点以下三位未満の端数切上。
　　　・「清算法人の分配直前の資本金等の額≦0」→0とする。
　　　・「清算法人の分配直前の資本金等の額＞0」
　　　　　かつ「分母の簿価純資産額≦0」→1とする。
　　　・「清算法人の分配直前の資本金等の額＞0」
　　　　　かつ「残余財産の全部の分配の場合」→1とする。

〈事例25〉残余財産の分配に係るみなし配当

事例

26

完全支配関係がある法人間の株式の発行法人への譲渡損益

　　親会社Ａ社は、100％子会社Ｂ社からＡ社株式（自己株式）を購入しました。子会社Ｂ社のＡ社株式の売却に関する会計上、及び税務上の仕訳は以下の通りです。

〈会計上の仕訳〉

借方		貸方	
現金預金	600	Ａ社株式	550
		Ａ社株式譲渡益	50

〈税務上の仕訳〉

借方		貸方	
現金預金	600	Ａ社株式	550
資本金等 （譲渡損）	150	みなし配当	200

そのため、子会社Ｂ社は、別表四でみなし配当150万円（200万円－50万円）の加算調整と受取配当等益金不算入200万円の減算調整を行い、別表五（一）でみなし配当150万円を利益積立金額に加算して申告しました。

資本金等（譲渡損）150万円については、100％子会社Ｂ社の発行法人Ａ社への譲渡取引であるため特に調整をしませんでした。

みなし配当150万円に関する別表四での調整は正しい処理でしたが、資本金等（譲渡損）について別表五（一）の資本金等を減少させる処理を失念していました。

〈事例26〉完全支配関係がある法人間の株式の発行法人への譲渡損益　　111

> **正しい対応**
>
> 譲渡損益については、100％グループ法人間で株式を発行法人へ譲渡する場合は計上しないこととなりますので、別表四では調整不要です。ただし、譲渡損益相当額は子会社Ｂ社の資本金等にチャージされることとなるため、別表五（一）の資本金等より150万円を減少させる必要があります。

 ［税法等の解説］

　平成22年度の税制改正により、100％グループ法人間での資産移転に関して課税関係を生じさせないこととされ、その関係から100％グループ法人間で株式を発行法人へ譲渡する場合についても同様に課税関係を生じさせないこととされました。つまり、「完全支配関係がある法人間の株式の発行法人への譲渡損益については計上しない」ことになります。

　譲渡損益の取扱いは、大きく「譲渡損益の不計上」と「譲渡損益の調整」の2つになります。

1．譲渡損益の不計上

　　法人が、所有株式を発行した「完全支配関係のある」他の法人からみなし配当が生ずる基因となる事由により金銭その他の資産の交付を受けた場合又はその他の法人の株式を有しないこととなった場合（残余財産の分配を受けないことが確定した場合を含む）には、有価証券の

譲渡損益の計算上、その譲渡に係る対価の額は原価の額に相当する金額とされ、譲渡損益を計上しないこととなります。

2. 譲渡損益の調整（資本金等の額の調整）

　完全支配関係のある法人に係るみなし配当事由による株式の譲渡損益については認識をしないために、譲渡原価と譲渡対価との差額（譲渡損益相当額）を株主である法人の資本金等の額にチャージすることになり、譲渡利益は資本金等の額を増加させ、譲渡損失は資本金等の額を減算する処理を行います。

事例

27

自己株式として取得されることを予定して取得した株式に係るみなし配当

　親会社Ａ社は、自己の株式の公開買付けに関する公告を行いました。この公告期間中に、100％子会社Ｂ社は株式市場よりＡ社株式（自己株式）を購入し、親会社Ａ社は当該Ａ社株式を子会社Ｂ社より取得しました。

　Ａ社株式を売却した子会社Ｂ社は「自己株式として取得されることを予定して取得した株式に係るみなし配当の取扱い」に基づいて、受取配当等益金不算入制度を適用せず申告をしました（図1）。

(図1)

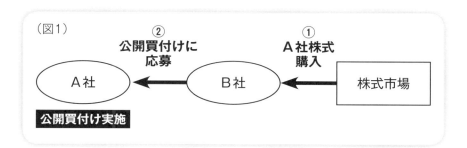

失敗のポイント

　完全支配関係がある発行法人による自己株式の取得の場合には、受取配当等の益金不算入制度の制限から除かれています。したがって、子会社Ｂ社は受取配当等の益金不算入制度の適用を受けることができます。

> **正しい対応**
>
> 自己株式の取得に係るみなし配当については、受取配当等の益金不算入制度の適用を受け、みなし配当の金額を減算します。
>
> それに対し、完全支配関係の法人間の株式を発行している法人に対する譲渡損益の取扱いの適用を受けますので、株式の譲渡損益を計上しません。

[税法等の解説]

　自己株式として取得されることを予定して取得した株式が自己株式として取得された場合に生ずるみなし配当については、益金不算入制度が適用されず、益金に算入されることになります。

　この適用を受けることとなる「取得が予定されているもの」としては次のような場合が該当します。

　例えば、公開買付けに関する公告がされている場合や組織再編成（反対株主の買取り請求）が公表されている場合には該当するとされています。

　また、法基通3-1-8によれば、例えば、上場会社等が自己の株式の公開買付けを行う場合における公開買付け期間中に、法人が当該株式を取得したときの当該株式が該当するとされています。

　この適用の対象外となる取引としては、次のような場合になります。

①完全支配関係がある発行法人への株式の譲渡損益の適用がある場合
②予定されていた事由に基因するとされない場合

①については、この規定の適用がある場合には、譲渡損益は計上しないこととされているため、租税回避の恐れがないことから適用除外とされています。

②については、法基通3-1-8注書きに、「法人が公開買付けを行っている会社の株式をその公開買付け期間中に取得した場合において、当該株式についてその公開買付けによる買付けが行われなかったときは、みなし配当の金額があった場合にも、当該配当等の額について、受取配当等の益金不算入制度の適用あり」とされています。

事例

28

解散した法人の税務

　A社は、平成30年5月に解散をして、現在、清算手続き中です。

　A社の業績は、近年赤字続きとなっており、清算手続きにおいて、債務の弁済を行うことが難しい状況のため、未払金のうち、知人の仕入れ業者からの債務については、債務の弁済を免除してもらう予定となっています。

　株主へ分配する残余財産もないため、法人税が発生しないと考えていましたが、清算に関する所得の計算方法が変わり、法人税が発生すると言われています。

　平成22年10月1日以後に解散をする法人については、清算中の事業年度に対する課税所得の計算は、従来の財産法から、損益法へと変更となりました。

　その結果、債務免除益については、収益に計上されるため、基本的には、課税所得の対象となってしまいます。

> **正しい対応**
>
> 債務免除益は、収益となりますので、課税所得を構成することになります。この場合、欠損金がある場合には、その欠損金を使用することにより、税負担が軽減されます。
>
> 欠損金については、青色欠損金又は災害損失欠損金のほか、期限切れ欠損金がある場合には、一定の要件をクリアすることによって、期限切れ欠損金を使用することができます。
>
> 期限切れ欠損金は、従来の清算所得課税とのバランスを考慮して、使用することができるようになったものです。
>
>

［税法等の解説］

1. 解散した法人の所得計算

平成22年10月1日以後に解散する法人については、所得課税の方法（損益法）により、所得が計算されます。平成22年9月30日以前に解散した法人については、清算所得課税の方法（財産法）により所得が計算されていました。

解散をした会社が、債務免除を受けるような場合には、財産法によ

る計算では、課税所得は発生しませんでしたが、損益法の場合には、債務免除益が収益となりますので、課税所得を構成することになります。

このような場合、平成22年10月1日以後の解散については、期限切れ欠損金を使用することによって、従来と同様の効果が得られるようになりました。

2. 期限切れ欠損金の損金算入

法人が解散をした場合に、残余財産がないと見込まれるときは、期限切れ欠損金を損金の額に算入することができます。

3. 青色欠損金がある場合

期限切れ欠損金として損金の額に算入する金額は、前事業年度から繰り越された欠損金額（法人税申告書の別表五（一）期首現在利益積立金額）から、青色欠損金額又は災害損失欠損金額の金額を控除した金額となります（図1）。

また、残余財産が確定した最後事業年度については、事業税の額を損金の額に算入できることとなりましたが、期限切れ欠損金の算定においては、この事業税計上前の所得金額により計算されます。

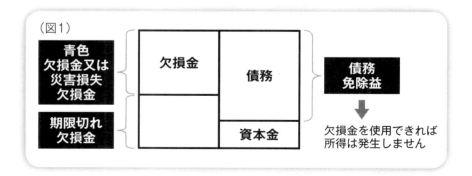

MEMO

〈事例28〉解散した法人の税務

事例 **29**

期限切れ欠損金の損金算入

　A社は、平成30年11月に解散をして、現在清算手続き中の会社です。

　平成22年10月1日以後に解散をした会社については、清算所得に関する計算方法が変わり、また、それに伴い期限切れ欠損金を損金の額に算入できるようになったと聞いています。

　当社は、含み益のある不動産を保有しており、また、期限切れ欠損金がありますので、この期限切れ欠損金を使用して、法人税の負担を軽減しようと考えていますが、不動産の売却予定年度末では、債務超過ではないため、法人税が課税されると指摘されました。

失敗のポイント

　解散した法人が、期限切れ欠損金を損金に算入する場合には、各事業年度の末において、残余財産がないと見込まれること、など一定の要件をクリアすることが必要となります。

> **正しい対応**
>
> 不動産などの資産を処分する場合には、残余財産確定までのタックスプランニングを行うことが好ましいと思われます。
>
> その上で、期限切れ欠損金の損金算入なども検討する必要があります。

［税法等の解説］

1. 期限切れ欠損金の損金算入

法人が解散をした場合に、残余財産がないと見込まれるときは、期限切れ欠損金を損金の額に算入することができます。

（図1）

残余財産がないと見込まれる場合とは？

資産	負債

〈事例29〉期限切れ欠損金の損金算入

（図1）のように、資産より、負債が多い場合には、残余財産がないと見込まれる場合に該当し、期限切れ欠損金を使用することができます。

2. 期限切れ欠損金を損金に算入する要件

　期限切れ欠損金を損金に算入するには、解散した法人が債務超過の状態にある場合など、残余財産がないと見込まれることが要件となっていますが、残余財産がないと見込まれるかどうかの判定については、事業年度終了のときの状況により判定をすることとされています。すなわち、事業年度終了のときにおいて、残余財産があると見込まれる場合には、期限切れ欠損金を損金に算入することはできない、ということになります(図2)。

　また、残余財産がないことを説明する書類を確定申告書に添付する必要がありますが、この説明書類には、例えば、事業年度終了のときにおける、資産・負債を時価評価した実態貸借対照表などが該当します。

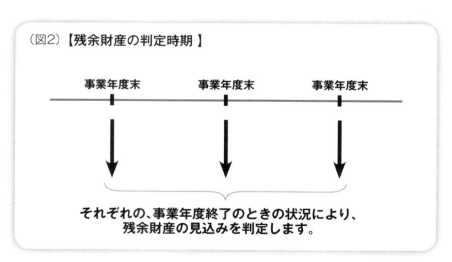

MEMO

事例

30

清算中法人の
特定同族会社の
特別税率不適用

　A社は、平成30年8月に解散して、現在、清
算手続き中の株式会社です。毎期の法人税の確定
申告では、特定同族会社の特別税率の適用を受け
ていました。

　平成30年10月20日に残余財産が確定しま
したので、最後事業年度の確定申告書を提出する
予定です。

　平成22年10月1日以後に解散をした法人に
ついては、課税所得の計算が、通常の事業年度と
同じ計算方法になったと聞いていました。

　そこで、最後事業年度の確定申告書を、残余財
産が確定した日から2ヶ月以内の、平成30年
12月20日に提出する予定です。特定同族会社
の特別税率については、従来通りの適用で計算を
しています。

失敗のポイント

　株式会社など、清算中の法人の残余財産が確定した場合の、最後事業年度の確定申告書の提出期限は、残余財産が確定した日の翌日から１ヶ月以内となっています。
　また、平成22年10月１日以後に解散をした法人の所得計算については、財産法から損益法へ変更されましたが、特定同族会社の特別税率の適用については、清算中の会社は適用除外となります。

正しい対応

　特定同族会社の特別税率は、清算中の会社には適用がありません。また、残余財産が確定した場合の、最後事業年度に関する確定申告書の提出期限は、従来通り、残余財産が確定した日の翌日から１ヶ月以内となっています。

［税法等の解説］

1．確定申告書の提出期限

　株式会社などの法人は、各事業年度が終了した日の翌日から２ヶ月以内に、確定申告書を提出することになっています。
　また、解散をした法人について、財産の換価などの手続きが進み、

残余財産が確定した場合には、その残余財産が確定した日の翌日から1ヶ月以内に、確定申告書を提出する必要があります(図1)。

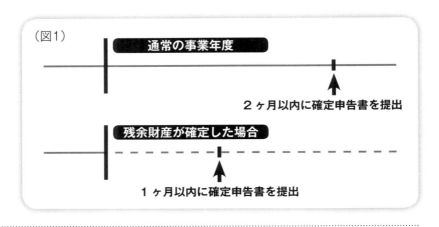

2. 中間申告について

普通法人については、中間申告書を提出する必要がありますが、清算中の法人については、中間申告の対象から除外されています。

3. その他

各事業年度の所得に対する事業税については、通常の事業年度においては、その事業税の申告書の提出日の属する事業年度の損金に算入する取扱いとなっていますが、残余財産が確定した場合の、最後の事業年度に対する事業税については、最後事業年度の損金に算入されます。

従来の、清算所得課税（財産法による計算）の場合には、事業税相当分を税率に反映させることで、調整されていましたが、所得課税（損益法による計算）に変更されたことに伴い、最後事業年度の損金に算入する取扱いとなりました(図2)。

(図2)

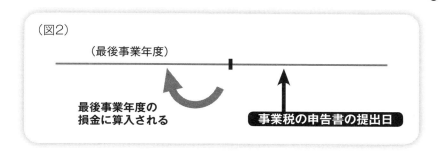

事例31 残余財産確定の場合の欠損金引継ぎ

　親会社A社のグループ会社である子会社B社は、平成29年12月に解散をし、平成30年3月末に残余財産を確定しました（A社及びB社はともに3月決算法人）。

　ただし、A社は平成30年3月期においてB社の繰越欠損金5億円の引継ぎを行わず申告をしました。

　なお、A社とB社は5年前の日から継続して支配関係にあります（図1）。

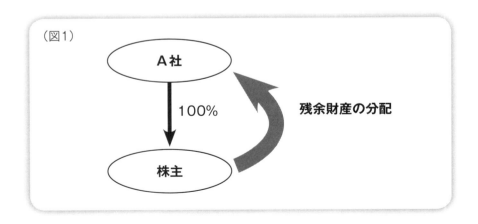

（図1）

失敗のポイント
平成22年度の税制改正により、100％子会社の残余財産が確定した場合には、子会社の繰越欠損金（支配関係の要件あり）を親会社が引継ぐことができますが、そのためには、親会社の方で引継ぎ処理を忘れずに行う必要があります。

正しい対応
A社とB社は、5年超の支配関係及びB社の解散・清算時における完全支配関係の要件を満たすとともに、子会社B社が平成30年3月末時点で残余財産を確定していたので、親会社A社は平成30年3月期の決算において子会社B社の繰越欠損金5億円を引継ぐことが可能でした。

［税法等の解説］

　完全支配関係にある親子会社間においては、その子会社の解散により、その子会社の残余財産が確定した場合に、親会社は子会社の未処理欠損金額を引継ぐことができます。
　引継ぐことができる欠損金額は原則として次の通りです。
　法人との間に「完全支配関係がある」他の法人で、平成22年10月1日以

〈事例31〉残余財産確定の場合の欠損金引継ぎ　　**131**

後に、その法人が発行済株式又は出資の全部又は一部を有する他の法人が解散し、残余財産が確定した場合において、当該他の法人のその残余財産の確定日の翌日前10年（注）以内に開始した各事業年度において生じた未処理欠損金額があるときは、その内国法人のその残余財産の確定日翌日の属する事業年度以後の各事業年度における欠損金の繰越控除に関する制度の適用については、その前10年（注）内事業年度において生じた未処理欠損金額は、その内国法人の各事業年度において生じた欠損金額とみなされます。

　なお、この場合の残余財産の「確定の日」については、従前から個々の事案ごとに適宜判断するものとされていますので、ご留意ください。

....

（注）　平成20年3月31日以前に終了する事業年度に生じた欠損金については7年。

　　　　平成20年4月1日から平成30年3月31日までに開始する事業年度に生じた欠損金は9年。

　　　　平成30年4月1日以後に開始する事業年度に生じた欠損金は10年。

MEMO

事例

32

残余財産確定の場合の
欠損金の引継ぎの
不適用

　　親会社Ａ社は、100％子会社Ｂ社が長年にわ
たり業績が低迷しているため、平成29年11月
にＢ社を清算することを決定しました（Ａ社及び
Ｂ社ともに３月決算法人）。

　　Ｂ社の平成30年３月期における繰越欠損金は
２億円であり、Ｂ社の残余財産は平成30年２月
に確定したため、Ａ社はＢ社の繰越欠損金２億円
全額を引継ぐかたちで平成30年３月期の申告を
行いました。

　　Ａ社のＢ社に対する支配関係等は（図１）の通り
です。

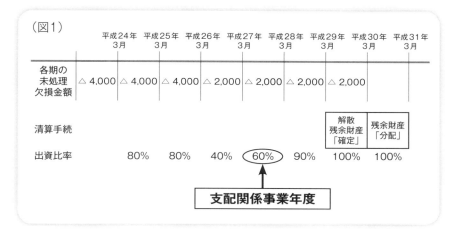

失敗のポイント　A社のB社に対する支配関係が平成27年3月期で50％以下となっており、支配関係が生じた日（支配関係事業年度）は平成28年3月期であるため、B社の繰越欠損金2億円全額を引継ぐことができませんでした。

> **正しい対応**
>
> 実際引継ぐことができる繰越欠損金は、支配関係（50％超の出資）が生じている事業年度（支配関係事業年度）の平成28年3月期以後になります。つまり、出資比率が40％になり一度支配関係が切れてしまっていますので、出資比率が60％となった平成28年3月期から支配関係が生じたこととなります。
> 　したがって、引継ぐことができる繰越欠損金は6千万円になります。

［税法等の解説］

　事例31の解説の通り、引継ぐことができる欠損金額は原則として次の通りです。

　法人との間に「完全支配関係がある」他の法人で、平成22年10月1日以後に、その法人が発行済株式又は出資の全部又は一部を有する他の法人が解散し、残余財産が確定した場合において、当該他の内国法人のその残余財産の確定日翌日前10年（注）以内に開始した各事業年度において生じた未処理欠損金額があるときは、その内国法人のその残余財産の確定日翌日の属する事業年度以後の各事業年度における欠損金の繰越控除に関する制

度の適用については、その前10年（注）内事業年度において生じた未処理欠損金額は、その内国法人の各事業年度において生じた欠損金額とみなされます。

ただし、上述の未処理欠損金額については、株主等である内国法人と他の内国法人との支配関係が「5年前の日」からある場合を除き、「支配関係事業年度」前の事業年度に係る未処理欠損金額の引継ぎができない等、引継額に一定の制限がされています。

「支配関係事業年度」とは、法人税法57条③一のカッコ書きでは、「最後に支配関係があることとなった日の属する事業年度」としていることから、実際には、「支配関係事業年度＝残余財産確定日までの間、最後に新たな支配関係が生じた日の属する事業年度」と解することになります。

（注） 平成20年3月31日以前に終了する事業年度に生じた欠損金については7年。
平成20年4月1日から平成30年3月31日までに開始する事業年度に生じた欠損金は9年。
平成30年4月1日以後に開始する事業年度に生じた欠損金は10年。

事例

33

非適格合併としての処理

　飲食店のグループ会社です。平成30年10月31日付けで親会社Ａ社（合併法人）と子会社Ｂ社（被合併法人）は合併対価を2,900万円とする非適格合併により合併をしました。

　Ｂ社の合併直前の貸借対照表上には、譲渡損益調整資産に該当する資産Ｃ（簿価1,800万円、時価2,000万円）と譲渡損益調整資産に該当しない資産Ｄ（簿価600万円、時価900万円）があり、Ａ社は、どちらの資産も簿価で受入れ対価と受入れ簿価との差額500万円はのれんとして処理を行い、申告調整をせず申告しました。また、Ｂ社についてもＡ社と同様に簿価での引継ぎ処理を行い、申告調整をせず申告しました。

失敗のポイント

本事例では、非適格合併であるにもかかわらず、簿価での受入れ処理・引継ぎ処理がなされているため、非適格合併としての正しい処理が必要になります。また、譲渡損益調整資産に該当する資産Ｃの処理と譲渡損益調整資産に該当しない資産Ｄとが同じ処理がなされており、譲渡損益調整資産に該当する資産Ｃについて正しい処理が必要になります。

正しい対応

非適格合併の場合には、Ｂ社がＡ社に対して移転する資産及び負債は、その移転時の時価で譲渡したものとして処理し、その移転した資産及び負債に係るその移転による譲渡利益額はＢ社の最後事業年度（Ｂ社の合併日の前日が属する事業年度）の所得の金額の計算上、益金の額に算入されます。また、Ａ社は、その移転を受けた資産及び負債について、その移転時の時価により受入れることになります。

ただし、譲渡損益調整資産に該当する資産Ｃについては、グループ法人間での譲渡のためＢ社ではその移

〈事例33〉非適格合併としての処理　　**139**

転による譲渡利益額の計上は行わず、またA社においては移転を受けた資産Cを移転時の時価ではなく、簿価で受入れ処理を行います。

[税法等の解説]

1. 被合併法人における処理（B社）

　非適格合併により移転した資産が譲渡損益調整資産に該当する場合には、その譲渡損益調整資産に係る譲渡利益額又は譲渡損失額に相当する金額は、被合併法人の最後事業年度において、損金の額又は益金の額に算入されることになるので、被合併法人の所得の金額に何ら影響しないこととなり、本事例のように簿価による引継ぎが行われている場合には、被合併法人がその最後事業年度において行う申告調整はないため、資産Cに係る申告調整はありません。

　また、譲渡損益調整資産に該当しない資産を移転した場合において、簿価により引継ぎが行われているときには、時価と簿価との差額を移転資産に係る譲渡損益として申告調整を行うこととなるため、資産Dについては300万円（時価900万円－簿価600万円）の加算調整を行うことになります。

2. 合併法人における処理（A社）

　非適格合併により被合併法人において、譲渡損益調整資産に係る譲渡利益額又は譲渡損失額を計上しないこととされた場合には、その譲渡利益額に相当する金額はその非適格合併に係る合併法人のその譲渡

損益調整資産の取得価額に算入しないものとし、その譲渡損失額に相当する金額はその合併法人のその譲渡損益調整資産の取得価額に算入するものとされます（法61の13①⑦）。

この場合において、合併法人の譲渡損益調整資産の取得価額に算入しない譲渡利益額に相当する金額から譲渡損益調整資産の取得価額に算入する譲渡損失額に相当する金額を差引いた金額は、合併法人において利益積立金額の期末の減算項目となります（法令9①一ル）。

したがって、資産Cについては、譲渡損益調整資産に該当する資産の移転のため簿価で受入れ、譲渡利益額200万円（2000万円－1800万円）を利益積立金額の減算項目として別表五（一）で調整します。

また、資産Dについては、譲渡損益調整資産に該当しない資産の移転のため時価で受入れることになります。

なお、会計上、のれんとして処理した資産C及びDの簿価と時価との差額500万円（資産C200万円＋資産D300万円）については、税務上、別表五（一）で調整が必要となります。

具体的には下記のような記載となります。

別表五（一）

	期首	減	加	期末
資産C		200万	200万	0
資産D			300万	300万
のれん		500万		△500万
計		700万	500万	△200万

事例 **34**

適格合併としての処理

　製造業のグループ会社です。平成30年10月1日付けで親会社Ａ社は子会社Ｂ社を吸収合併しました。Ａ社は、Ｂ社からの受入れ資産及び負債を時価で引継いだものとして処理し、資本金等の額と利益積立金額の引継ぎ処理については、利益積立金額を先に計算し、その次に資本金等を計算して合併の受入れ処理を行い、申告しました。
　なお、この合併は税務上の適格合併に該当するものになります。

失敗のポイント

　本事例では、合併が税務上の適格合併であるにもかかわらず、非適格合併としての受入れ処理がなされているため、適格合併としての正しい処理が必要になります。また、資本金等の引継ぎ処理についても平成22年度の税制改正による正しい処理がなされていないため、同様に正しい処理が必要になります。

> **正しい対応**
>
> 　合併が税務上の適格合併に該当する場合には、合併法人（A社）は受入れ資産及び負債を被合併法人（B社）の税務上の帳簿価額で引継いだものとして処理します。
> 　また、合併法人の資本金等の額と利益積立金額の引継ぎ処理は、平成22年10月1日以後に合併が行われる場合については、先に資本金等の額を計算し、残額を利益積立金額として処理します。

［税法等の解説］

1．受入れ資産及び負債の金額

　内国法人が適格合併により合併法人にその有する資産及び負債の移転をしたときは、当該合併法人に当該移転をした資産及び負債の当該適格合併に係る最後事業年度終了のときの帳簿価額として政令で定める金額による引継ぎをしたものとして、当該法人の各事業年度の所得金額を計算することになります（法法62の2①、法令123の3①）。

2．資本金等の額と利益積立金額の計算

（1）増加する資本金等の額

　適格合併の合併法人の増加する資本金等の額は、被合併法人の適格合併日前日の属する事業年度終了のときにおける資本金等の額に相当す

る金額となります(法令8①五)。

(注1) 合併親法人株式を交付した場合には、その合併親法人株式のその合併の直前の帳簿価額を減算します。

(注2) 抱合株式がある場合には、その抱合株式のその合併の直前の帳簿価額を減算します。

(2)増加する利益積立金額

適格合併の合併法人の増加する利益積立金額は、次の算式により計算された金額となります(法令9①二)。

(図1)

被合併法人の
適格合併の日の
前日の属する
事業年度終了のときの
移転資産の帳簿価額

−

被合併法人の
適格合併の日の
前日の属する
事業年度終了のときの
移転負債の帳簿価額

＋

増加資本金等
の額

(注1) 公益法人等の収益事業以外の事業に属する資産及び負債については、移転資産の帳簿価額及び移転負債の帳簿価額は、これらの資産及び負債の価額として合併法人の帳簿に記載された金額となります。

(注2) 合併親法人株式を交付した場合には、その合併親法人株式のその適格合併の直前の帳簿価額を減算します。

(注3) 抱合株式がある場合には、その抱合株式のその合併の直前の帳簿価額を減算します。

MEMO

事例 35

支配関係の継続要件

　A社は不動産管理の会社です。A社は2年前に卸売業を営むX社と小売業を営むY社を子会社に持つB社を吸収合併しました。このたび、A社はX社を存続会社として、X社とY社を合併することとしました。

　X社とY社は10年前からB社の子会社でした。

　Y社は繰越欠損金を有していましたが、X社とY社との支配関係は、A社が親会社B社を吸収合併したときと考え、また、共同事業を営むための合併に該当しないことから、繰越欠損金の引継ぎに制限があるとして申告しました。

失敗のポイント　平成22年度の税制改正で支配関係の継続要件が整備されたことを失念していました。

正しい対応: X社とY社は継続して支配関係があるため、未処理欠損金に係る制限等はありません。

［税法等の解説］

　平成22年度税制改正で支配関係の継続要件が整備されました。

　具体的には、被合併法人等から引継ぎを受ける未処理欠損金に係る制限や、合併法人等の繰越青色欠損金額に係る制限、及び特定資産に係る譲渡等損失額の損金不算入について、支配関係が複数ある場合の判定に関し、適格組織再編成等の日の属する事業年度開始日から遡って5年前の日から継続して支配関係がある場合には、適用しないこととされました（法法57③④、62の7①③）。

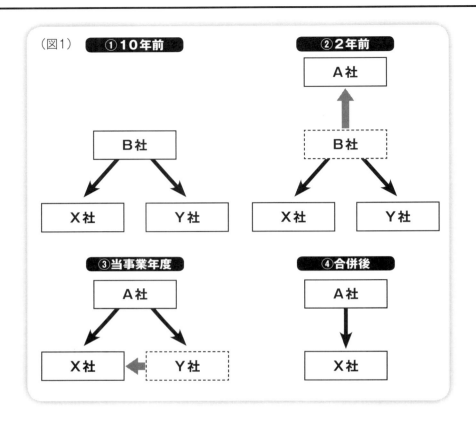

　事例で考えますと、X社とY社は5年前の日以前（10年前）からB社の子会社であり、両社はB社に支配される法人相互の関係として、支配関係があることになります。

　このB社がA社に吸収合併され、消滅することになりますが、X社とY社は新たにA社の子会社となり、両社はA社に支配される法人相互の関係として、支配関係があることになります。

　平成22年度の税制改正前は、特定資本関係に異動のあった、A社がB社を吸収合併した時点が当該事業年度開始の日の5年前の日以後であれば、繰越欠損金の引継ぎ等の制限措置の対象とされていました。

　しかし、本事例におけるX社とY社のように、適格組織再編成等の日

の属する事業年度開始の日の5年前の日から継続して支配関係がある場合には、制限措置を適用しないこととされました。

したがって、グループの親法人（B社）が合併により他の法人（A社）に変わったとしても、X社とY社の間の支配関係は合併前から継続して支配関係があることになり、繰越欠損金の引継ぎの制限の対象とはならないこととなります。

事例

36

支配関係の継続期間

　卸売業を営むＡ社は、２年前に小売業を営むＢ社を買収し子会社化しました（図１①）。

　その後、１年前にＡ社は小売業を営むＣ社を設立し（図１②）、Ｃ社を合併法人、Ｂ社を被合併法人とする吸収合併を行いました（図１③）。そのとき、Ｂ社の未処理欠損金をＣ社は引継いでいます。今年度、そのＣ社をＡ社が吸収合併しました（図１④）。当該合併は共同事業を営むための合併に該当しません。

　平成22年度の税制改正で、支配関係の継続期間が見直され、当事者であるいずれかの法人の設立の日から継続して支配関係がある場合について、被合併法人等から引継ぎを受ける未処理欠損金に係る制限等の制限措置を適用しないとされたことから、未処理欠損金を全額引継げるものとして申告しました。

150

(図1)

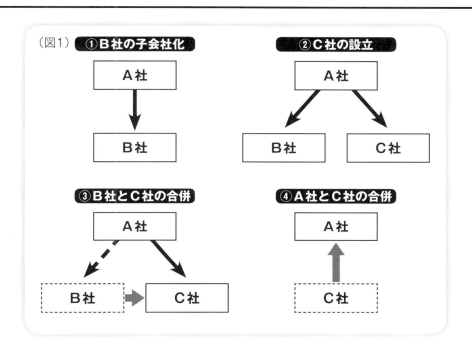

失敗のポイント

平成22年度の税制改正で、支配関係の継続期間が見直されましたが、一定の場合は除かれています。

〈事例36〉支配関係の継続期間

> **正しい対応** 当該合併は支配関係の継続期間の見直しから除かれている場合に該当するので、C社の未処理欠損金は引継ぐことができません。

［税法等の解説］

　平成22年度税制改正で支配関係の継続期間の見直しがなされました。具体的には、被合併法人等から引継ぎを受ける未処理欠損金に係る制限や、合併法人等の繰越青色欠損金額に係る制限、及び特定資産に係る譲渡等損失額の損金不算入について、適格組織再編成等の日の属する事業年度開始日から遡って5年前の日から継続して支配関係がある場合には適用しないこととされましたが、これに加えて、5年前の日以後に支配関係が発生した場合であっても、その当事者であるいずれかの法人の設立の日から継続して支配関係がある場合についても、これらの制限措置を適用しないこととされました（法法57③④、法法62の7①、法令112④⑥、法令123の8①）。

　ただし、欠損金の受け皿法人や特定資産の受け皿法人を介することにより、支配関係前の欠損金や適用期間において生ずる特定資産譲渡等損失額の制限措置を回避することを防ぐため、一定の場合を適用除外とはしないこととしています。

　これは、被合併法人となるC社が、合併法人A社が買収したB社から欠損金の引継ぎを受けていると考えられるため、制限措置適用除外とはしないものです。

MEMO

事例

37
制限対象金額等の計算の特例

　A社は製造業を営む会社です。このたび、販売子会社（B社）を吸収合併することとしました。B社は2年前に他社から株式を取得して子会社化した会社で、当該合併は共同で事業を営むための合併には該当しません。

　また、B社には未処理欠損金がありますが、含み益を有する資産を多数保有しています。

　確定申告において、共同で事業を営むための合併には該当しないことから、B社の有する支配関係事業年度前の欠損金額は引継ぎませんでした。

　未処理欠損金額等の制限対象金額計算の特例を失念し、原則どおり申告してしまいました。

> **正しい対応** 未処理欠損金額等の制限対象金額がある法人の前事業年度終了のときにおける時価純資産価額が簿価純資産価額以上である(含み益がある)場合には、引継ぎ制限対象の支配関係事業年度前の未処理欠損金額等について、含み益に達するまでの欠損金額の引継ぎが認められます(法令113①一、①二、④)。

［税法等の解説］

1. 被合併法人等から引継ぎを受ける未処理欠損金額に係る制限

　適格合併に係る被合併法人と合併法人との間に支配関係があり、かつ、その支配関係が合併法人の合併等事業年度開始日から遡って5年前の日以後に生じている場合において、当該適格合併が共同で事業を営むための合併に該当せず、いずれかの法人の設立の日から継続して支配関係がない場合には、次に掲げる欠損金額は、被合併法人の未処理欠損金額に含まないものとされます(法法57③)。

ⅰ.当該被合併法人等の支配関係事業年度前の各事業年度で前10年(注)内事業年度に該当する事業年度において生じた欠損金額

ⅱ.当該被合併法人等の支配関係事業年度以後の各事業年度で前10年内事業年度に該当する事業年度において生じた欠損金額のうち特定資産譲渡等損失額に相当する金額から成る部分の金額

（注）　平成20年3月31日以前に終了する事業年度に生じた欠損金については7年。

平成20年4月1日から平成30年3月31日までに開始する事業年度に生じた欠損金は9年。

平成30年4月1日以後に開始する事業年度に生じた欠損金は10年。

2.　未処理欠損金額等の制限対象金額の特例

　　前ページの制限ⅰの対象となる欠損金額がある法人の支配関係事業年度の前事業年度終了時に有する資産及び負債について時価評価を行う場合には、その時価評価の状況と未処理欠損金額等の状況に応じて、制限される金額が変わってきます。

　　時価純資産価額が簿価純資産価額以上である（含み益がある）場合には、引継ぎ制限対象の支配関係事業年度前の未処理欠損金額等について、制限を受ける未処理欠損金額はなく含み益に達するまでの欠損金額の引継ぎが認められます（法令113①一、①二、④）。

　　時価純資産価額が簿価純資産価額に満たない（含み損がある）場合には、支配関係事業年度以後の欠損金額のうち、引継ぎ制限対象となる特定資産譲渡等損失額に相当する金額から成る部分について、含み損の額を超える金額については欠損金の引継ぎが認められます（法令113①三、④）。

　　例えば、支配関係事業年度前の未処理欠損金額等が2,000万円であった場合は、原則では2,000万円を引継げませんが、支配関係事業年度の前事業年度終了のときにおけるＢ社の時価純資産超過額が3,000万円で特例計算によった場合は、引継ぎの制限される欠損金額はないものとされ、全額を引継ぎ可能です（図1）。

(図1)

〈原則〉

B社 事業年度	未処理 欠損金額	引継ぎ可能な 未処理欠損金	備考
平成25年度	1000	—	
平成26年度	700	—	
平成27年度	300	—	
平成28年度	200	200	支配関係事業年度
平成29年度	100	100	

〈未処理欠損金額等の制限対象金額の計算の特例〉

B社 事業年度	未処理 欠損金額	引継ぎ可能な 未処理欠損金	備考
平成25年度	1000	1000	平成27年度末の含み益 3,000>2,000 (1,000+700+300) ※全額引継ぎ可
平成26年度	700	700	
平成27年度	300	300	
平成28年度	200	200	支配関係事業年度
平成29年度	100	100	

事例 **38**

組織再編による
不動産移転

　A社はサービス業を営む傍ら、不動産管理業による収入がある個人甲が100％株式を所有するオーナー会社です。将来的な事業承継などを考え、会社分割により不動産管理業を別会社（B社）として設立することにしました。

　不動産管理業にかかわる資産には多額の含み益があるのですが、100％支配関係下での会社分割であるため、税務上の適格分割に該当し、無税で会社を分けることができると考えていました。

　ところが、分割に関して法人税はかからなかったのですが、不動産をB社へ移転することについて多額の登録免許税・不動産取得税を支払うことになってしまいました。

158

(図1)

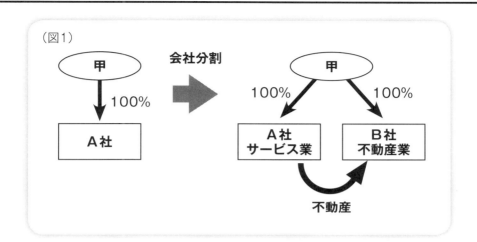

「適格分割」＝「無税で実行できる」と思い込んでしまい、会社分割に際して法人税以外に係るその他の税金（登録免許税や不動産取得税など）があることを考慮にいれず意思決定をしてしまいました。

正しい対応

　会社分割に際しては、法人税法上の適格分割か否かだけでなく、その他の税金も考慮した上で意思決定することが重要です。今回のケースでは、不動産管理業を分割法人に残し、サービス業を分割承継法人に移した場合との税金負担に関するコスト比較をするべきでした。

　なお、許認可事業を行っている場合などには、税金負担などのコスト比較だけでなく、会社分割により許認可を引継ぐことができるかなどの判断が必要になります。

［税法等の解説］

　合併・分割等の組織再編により不動産を移転する場合に、登録免許税や不動産取得税がかかり、思わぬコスト高になる場合があるので、組織再編を検討する場合には事前に確認が必要です。

　ただし、合併や分割などの場合、優遇税率や非課税特例があります。

＜不動産の移転登記に係る登録免許税＞

- 一般的売買の場合の所有権移転登記

  固定資産税評価額×2%

  ⇒合併の場合：0.4%

＜不動産取得税＞

- 固定資産税評価額×4%（標準税率）

  ⇒合併の場合：非課税

  ⇒分割の場合：一定の要件（※）を満たせば非課税

  （※）

  ① 事業の主要な資産負債の移転

  ② 事業継続見込み

  ③ 事業に係る従業員の80%以上が移転

  等の要件が必要になります。

事例39 分割型分割の取扱い

　小売業を営むA社は、事業上の都合から、分割型分割により事業の一部をグループ内のB社に移転させることにしました。この分割は株主に金銭交付を行うなど税制適格の要件に合致しないため、非適格の分割となりました。しかし移転する事業の中に大きな含み益を抱える不動産があり、この非適格分割においてはグループ内法人間の譲渡損益の繰延べにより不動産の含み益が繰延べられ、節税が図れるとの狙いもありました。

　A社は含み益の繰延べにより法人税を節税できたのですが、A社の個人株主にみなし配当として多額の所得税が課税されることになってしまいました。

失敗のポイント　法人税の節税に注視するあまり、組織再編にあたり株主に対してかかる税金を見落としていました。

> **正しい対応** 会社分割を実施するにあたっては、分割法人のみならず、分割承継法人や株主に対してどのような税金がかかってくるのかを考慮に入れて判断する必要があります。

［税法等の解説］

　法人が行う一定の組織再編は、税務上その株主にみなし配当を生じさせることがあります。みなし配当が生じる起因となりうる取引には、合併・分割のほか、自己株式の買取りが含まれます。平成22年度税制改正では、グループ法人税制及び資本に関係する取引等に係る税制の見直しの一環として、このようなみなし配当の生じる取引に関連する改正がなされました。

　具体的には、100％資本関係のある法人間での自己株式の買取り、自己株式取得予定株式、非適格合併の際の抱合株式についての取扱いなどが改正されています。

みなし配当と株式の譲渡損益

　　みなし配当は会社法上の配当ではなく、税務上は配当とみなされるものです。みなし配当が認識される取引及びみなし配当と株式の譲渡損益の関係は、その概要は以下の通りです。

みなし配当が生じる事由

　法人の株主等である内国法人が、次に掲げる事由によって金銭その他の資産の交付を受けた場合において、その金銭の額及び金銭以外の

〈事例39〉分割型分割の取扱い

資産価額の合計額が当該法人の資本金等の額、又は連結資本金等の額のうちその交付の起因となった当該法人の株式又は出資に対応する部分の金額を超えるときは、その超える部分の金額はみなし配当となります（法24①）。

① 合併（適格合併を除く）
② 分割型分割（適格分割型分割を除く）
③ 株式分配（適格株式分配を除く）
④ 資本の払戻し又は解散による残余財産の分配
⑤ 自己の株式又は出資の取得（金融商品取引所の開設する市場における購入による取得等及び一定の買取請求に基づく取得を除く）
⑥ 出資の消却、出資の払戻し、社員その他法人の出資者の退社又は脱退による持分の払戻しその他株式又は出資をその発行した法人が取得することなく消滅させること
⑦ 組織変更（当該組織変更に際して当該組織変更をした法人の株式又は出資以外の資産を交付したものに限る）

　これらの事由が生じたことにより株主が受取る金銭や株式等の資産のうちに、株式等を発行する法人の利益積立金額からなる部分があると考えられるため、このような一定の事由の発生に際して株主が税務上みなし配当を認識します。非適格分割型分割に際して株主に分割承継法人株式の交付が行われた場合は、その払戻金額等のうち資本金等の額を超える部分、すなわち、法人税法上の利益積立金額から構成されている部分を、実質的な利益の分配（みなし配当）として取扱います。
　なお、組織再編のうち、適格合併及び適格分割型分割ではみなし配当は生じません。これは、適格合併や適格分割型分割においては、被

合併法人又は分割法人の利益積立金額が合併法人又は分割承継法人に引継がれるためです。被合併法人または分割法人の株主等に交付される、合併法人又は分割承継法人の新株には「被合併法人又は分割法人の利益積立金額からなる部分がない」と考えるためです。

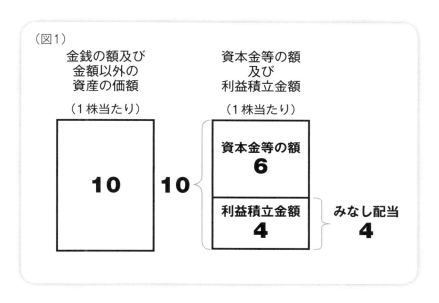

事例40 非適格分社型分割における譲渡損失の繰延べ

　P社は、重複事業の一本化のために不動産事業部を100％子会社であるS社に移管することにしました。

　「この会社分割は不動産事業部において保有する土地について子会社への移転とともに含み損を認識するチャンスである」と捉え、分割対価として、一部分割交付金を受取ることにより非適格分社型分割とすることで、P社において譲渡損失として含み損を認識した上で、土地を時価によりS社に移管しようと考えました。

　非適格分社型分割においても、完全支配関係のある内国法人を分割承継法人としている場合はグループ法人税制により、譲渡損失は繰延べられることになりますので土地の含み損を認識することはできません。

| 正しい対応 | P社の土地の含み損は、S社がこの土地を他に再譲渡するまで認識されません。 |

［税法等の解説］

　完全支配関係のある内国法人との間で行われ、分割承継法人の株式のみが交付される会社分割は、適格分社型分割となります（法法2条十二の十一）。しかし、分割対価に一部分割交付金が含まれている場合、分割の対価が株式のみとはなりませんので、この会社分割は、非適格分社型分割となります。しかし、一方で非適格分社型分割により資産・負債の移転が行われた場合は、分割法人から分割承継法人へ資産・負債の譲渡が行われたものとして所得計算を行うことになりますので（法法62①）、完全支配関係がある法人間の資産の譲渡取引として、分割法人において資産の譲渡損益を繰延べることとなり、含み損を実現させることはできません（法法61の13①）。

　P社は、移転資産を時価により払い出す処理を行いますが、譲渡損益を加減算することで税務上、繰延べを行います。一方、分割承継法人であるS社は、時価により資産・負債を受入れます。

　適格分割となって、土地を帳簿価額にてS社に移転した場合と、非適格分割となって土地の含み損を繰延べた場合では、会社分割を行った事業年度の所得への影響は変わりません。しかし、その後の課税関係は変わってきます。

〈事例40〉非適格分社型分割における譲渡損失の繰延べ　　**167**

適格分割の場合、土地は帳簿価額でS社に移転しますので、P社として
は保有する土地を帳簿価額で売却したのと同じですからその後、P社は保
有する土地の含み損を認識することはありません。土地の含み損は、高い
帳簿価額で土地を受入れたS社にて認識することになります。

　一方、非適格分割の場合、P社にて通常なら認識されていたはずの含み
損を分割時点では認識せずに繰延べるだけですので、第一義的な土地の払
出価額は時価になります。S社ではこの土地を時価で受入れます。S社が
この土地を他に売却した期でP社は含み損を認識することになります。S
社では当初の含み損は認識しません。このように、適格分割による移転な
のか、100％グループ内の非適格分割による移転なのかは、分割時点では
所得への影響は同じですが、最終的に含み損をP社が認識するのか　S社
が認識するのかという点では違いが出てきます。

　最終的に含み損をP社で認識したいのか、S社で認識したいのかによっ
て適格分割とするか非適格分割とするかを考えることはあるかもしれませ
ん。

　ただし、交付金の授受の有無を操作し組織再編を適格とするか非適格と
するかを決定するような手法は、租税回避行為として包括否認規定により
否認されることがあります。組織再編の手法は、なぜ組織再編をするのか、
そのために経済的に合理的な手法はどのような形態なのかがまず検討され
るべきことは言うまでもありません。

(図1)

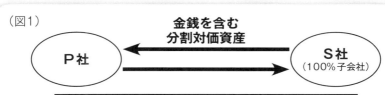

不動産事業部			
建物	100	借入金	150
土地	200		
土地含み損	△50		

↰譲渡損繰延べ

対価にＰ社の株式以外の資産が含まれるので非適格分割となるが、Ｓ社は100％子会社なのでＰ社にて会社分割に伴う土地譲渡に係る含み損は繰延べられる。

〈事例40〉非適格分社型分割における譲渡損失の繰延べ

事例

41

適格分社型分割における
貸倒引当金の引継ぎ

　　P社は、冷凍食品事業部を適格分社型分割に
より100%子会社であるS社に移管することに
しました。

　　P社では、前期末において冷凍食品事業部の
売掛金について個別評価金銭債権に係る貸倒引
当金3,000万円及び一括評価金銭債権に係る貸
倒引当金1,000万円を計上していましたが、分
割資産・負債の承継に際し、税法の規定にした
がって会社分割をする日の直前のときをもって
個別評価金銭債権に係る貸倒引当金3,000万円
をあらためて計上した上で、S社に引継ぐこと
としました。一方、一括評価金銭債権に係る貸
倒引当金1,000万円については、適格分社型分
割においては引継ぐことができないと判断し、
洗替による戻入れを行い、S社には引継がない
こととしました。

失敗のポイント 平成22年度税制改正で適格分社型分割においても、一括評価金銭債権に係る貸倒引当金を引継ぐことができるようになっています。

正しい対応 Ｐ社において分割日の直前のときをもって一括評価金銭債権に係る貸倒引当金を計上することでＰ社の税負担を軽減することができます。

［税法等の解説］

　確かに平成22年度税制改正前の規定では、適格分社型分割においては個別評価金銭債権に係る貸倒引当金の分割承継法人への引継ぎは認められる一方、一括評価金銭債権に係る貸倒引当金については、過去の貸倒実績率等から算定される一般的な将来の損失の見込額であり、個別評価金銭債権に係る貸倒引当金のように個々の債権と一体不可分の関係にあるものではないため、引継ぎは認められていませんでした。

　この点、平成22年度税制改正で分割型分割におけるみなし事業年度の

規定が廃止されるに伴い、適格分社型分割と適格分割型分割のルール統一がなされ適格分社型分割においても適格分割型分割と同様に一括評価金銭債権に係る貸倒引当金についても分割承継法人に引継ぐことが可能になりました(法法52⑥)。

貸倒引当金の計上は、限度額の範囲であれば計上は任意なので、一括評価金銭債権について会社分割に際して戻し入れたまま承継するという対応は間違いではありません。しかし、貸倒引当金の洗替による戻入益が計上されることで多くの税負担が生じてしまいます。P社は分割時に一括評価金銭債権に係る貸倒引当金をS社に引継ぐことによって税負担を軽くする機会を逸したといえます。

ただし、貸倒引当金を引継いだ場合、S社においては、会社分割の日の属する事業年度において益金に算入する(洗替処理をする)必要があるのでグループ全体で見た税負担への影響は原則としてありません。ただし、S社が赤字会社であるような場合には、P社にて一括評価金銭債権に係る貸倒引当金を計上しておくメリットは大きくなります。

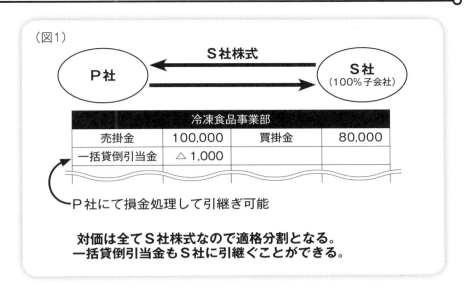

事例

42

事業譲渡による
事業移管

　P社は、生鮮食品事業部を子会社であるS社に移管することにしました。S社はP社の100％子会社です。生鮮食品事業部の資産には、老朽化した倉庫や冷蔵庫、また倉庫用土地などが含まれますが、これらは含み損を抱えています。なお、P社の業績はここ数年下降気味であり繰越欠損金残高がある一方、S社の業績は好調なので青色欠損金残高はありませんでした。

　グループ法人税制の内容を顧問税理士から聞いていた社長は、「事業の移管を事業譲渡により行っても、譲渡損益は結局繰延べられるのだから、ややこしい適格分社型分割を行わなくてもよい」と考え事業譲渡により生鮮食品事業部の移管を行うことにしました。

　この取引について税理士に報告したところ、消費税と不動産取得税を納めなければならないことと、資産の含み損を、業績好調なS社に移すチャンスを逃し、多額の繰越欠損金を抱えるP社に残ってしまっていることを伝えられてしまいました。

失敗のポイント

　100％子会社であるＳ社に対し事業移管を行う場合、事業譲渡による方法又は会社分割による方法が考えられます。確かにグループ法人税制導入後は、100％子会社に対する事業譲渡による譲渡損益は親会社であるＰ社において繰延べられるため、今期の法人税の支払いの観点からは適格分社型分割の場合と違いはありません。しかし、両者の法人税法上の取扱いの相違や、他の税目における取扱いの違いから、予期せぬ税金の支払いで差が出てしまいました。

正しい対応

　子会社へ事業を移管する場合は、法人税法上の取扱いはもちろんのこと、法人税以外の税目の取扱いにも注意を払って全体の税金支払額を比較検討することで事業移管に伴う税金費用を最小化することができます。

〈事例42〉事業譲渡による事業移管　　**175**

[税法等の解説]

　100％子会社に対し事業譲渡により事業移管を行った場合、譲渡資産の含み損は親会社において繰延べられます。資産を譲り受けた子会社はこれらの資産を時価で取得します。つまり、資産の含み損は親会社に残ることになります。親会社は業績も悪く既に青色欠損金も抱えているため、仮にこの含み損が実現しても青色欠損金が増加するだけで税額を減らすチャンスが来ないかもしれません。

　一方、適格分社型分割により事業移管を行った場合、譲渡資産は帳簿価額で子会社に移りますので、資産の含み損が子会社に移ることになります。子会社は業績が好調ですから、将来含み損が実現した場合、税額を下げる効果があると期待できます。

　また、事業譲渡を行った場合、譲渡した資産に対して消費税が課税されます。さらに、移転した土地建物については登録免許税や不動産取得税が課されます。

　この点、消費税の計算上、分社型分割は課税対象外取引に該当するため、分社型分割を選択した場合は手続き上の付随費用に係るものを除き、消費税は発生しません。また、不動産の登録免許税については軽減税率が適用され、不動産取得税については、非課税要件を満たす場合は非課税となります。

　このように、グループ法人税制により一時的な法人税の支払いに差異がなくなったケースでも、法人税及び他の税目の取扱いが完全に同じというわけではありませんので、事業再編のストラクチャーの選択は今までと同様、専門家に事前に相談をするなど慎重な対応が求められます。

（図1）

当事者法人間に完全支配関係がある場合の
事業譲渡と適格分割の諸税金の取扱い

税目	事業譲渡	適格分社型分割
法人税	譲渡法人にて含み損益を繰延べ	譲受法人に帳簿価額で引き継がれる
消費税	課税	課税対象外
登録免許税（商業登記）	不要	必要
登録免許税（不動産登記）	登録免許税が必要	取得した不動産に係る登録免許税が必要となる
不動産取得税	課税対象	一定の非課税要件の下に不要

事例 4-3

無対価合併の処理

　当社は、建設業を営むグループ会社です。J社はK社を吸収合併しました。J社とK社は下記の図1の通り完全支配関係を有していた法人間であったため、株式等を交付しないいわゆる無対価合併により、適格合併としてK社の資産・負債を簿価で引継ぎました。J社とK社の株主関係は（図1）の通りです。

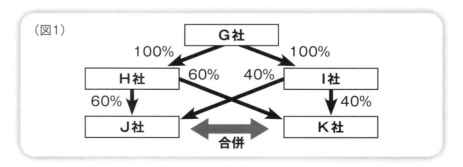

（図1）

失敗のポイント ✕

被合併法人の株主に合併法人の株式その他の資産を交付しない、いわゆる無対価合併が税制適格となるのは、一定の株式の所有関係がある場合に限られています。

正しい対応

　今回のケースのような株主構成での無対価合併は適格合併に該当しません。よって合併法人であるＪ社はＫ社の資産・負債を時価で受入れ、被合併法人であるＫ社は資産を時価で譲渡したものとして処理を行います。ただし、合併承継資産の中に譲渡損益調整資産がある場合には、その資産の譲渡損益は被合併法人において繰延べられ、合併法人においては被合併法人の帳簿価額で受入れます。これは合併により被合併法人が消滅してしまうための特別な処理となります。

　譲渡損益調整資産とは、固定資産、土地（土地の上に存する権利を含み、固定資産に該当するものを除きます）、有価証券（売買目的のものを除きます）、金銭債権及び繰延資産で譲渡直前の帳簿価額が1,000万円以上のものをいいます。

〈事例43〉無対価合併の処理

> 事例の合併を適格合併とするには、合併会社であるJ社はK社の株主であるH社及びI社に対して株式を交付することが必要でした。

［税法等の解説］

　被合併法人の株主等に株式その他の資産が交付されない合併（以下「無対価合併」という）が適格合併に該当するのは、以下の関係がある場合に限られます。

1．完全支配関係がある法人間での合併

　(1) 合併前に被合併法人と合併法人のいずれか一方の法人による完全支配関係がある場合……合併法人が被合併法人の発行済み株式等の全部を保有する関係

　(2) 合併前に被合併法人と合併法人との間に同一の者による完全支配関係がある場合

　① 合併法人が被合併法人の発行済み株式等の全部を保有する関係

　② 被合併法人及び合併法人の株主等（当該被合併法人及び合併法人を除く）の全てについて、その者が保有する当該被合併法人の株式の数の当該被合併法人の発行済株式等（当該合併法人が保有する当該被合併法人の株式を除く）の総数のうちに占める割合と当該者が保有する当該合併法人の株式の数の当該合併法人の発行済株式等（当該被合併法人が保有する当該合併法人の株式を除く）の総数のうちに占める割合とが等しい場合における当該被合併法人と合

併法人との間の関係

2. 支配関係がある法人間で行われる合併

(1) 合併前に被合併法人と合併法人との間にいずれか一方の法人による支配関係がある場合……上記1(2)②の関係

(2) 合併前に被合併法人と合併法人との間に同一の者による支配関係がある場合……上記1(2)①②の関係

3. 共同事業を行うための合併

被合併法人と合併法人とが共同で事業を営むための合併の場合……上記1(2)②の関係又は被合併法人の全て若しくは合併法人が資本を有しない法人であること

税制適格となる無対価合併の株式の所有関係を図で表すと(図2)の通りです。

(図2)

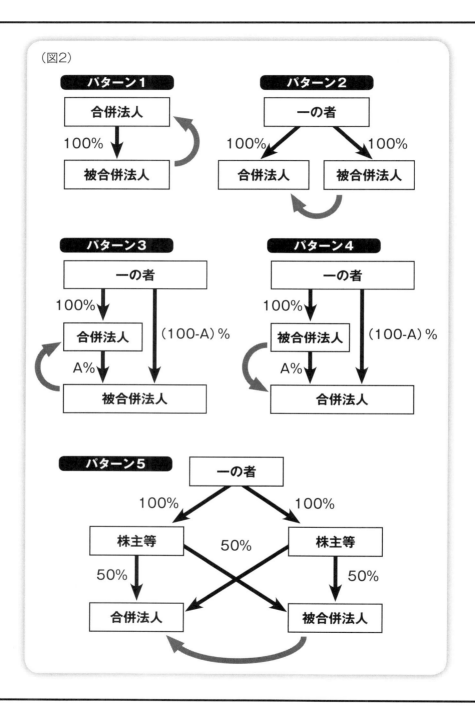

MEMO

事例 44

無対価分割型分割の処理

　当社は、食料品の製造販売を行っているグループ会社です。この度子会社であるC社の事業の一部を同じグループ内のD社に分割型分割により事業を移転しました。100%グループ内での分割のため、分割の対価である株式等の交付をしない、いわゆる無対価分割を行いました。D社は適格分割に該当するものとして分割承継資産と負債をC社の帳簿価額で計上しました。C社及びD社の株式の所有関係は(図1)の通りです。

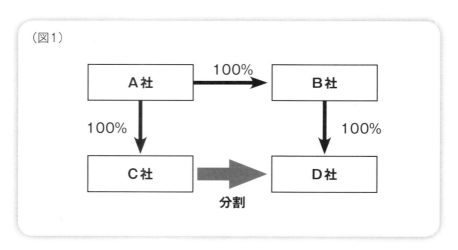

(図1)

分割型分割に係る無対価分割が税制適格に該当するのは、一定の所有関係がある場合に限られます。100％グループ内の分割であっても無対価分割をすると、非適格分割となる場合があります。

 C社からD社への無対価の分割型分割は適格分割に該当しないため、C社では分割譲渡資産を時価により譲渡したものとして処理を行います。ただし100％グループ法人内での資産の譲渡のため譲渡損益調整資産については、譲渡損益は繰延べます。D社は分割承継資産・負債を時価により取得したものとして処理を行うことになります。

　事例の分割型分割を適格分割とするためには、分割承継会社であるD社が分割会社の株主であるA社及びB社に株式を交付することが必要です。

 ［税法等の解説］

　無対価分割の場合には、分割の直前に分割承継法人が分割法人の発行済み株式等の全部を保有している場合、又は分割法人が分割承継法人の株式を保有していない場合の分割を「分割型分割」といい、分割の直前において

〈事例44〉無対価分割型分割の処理　　185

分割法人が分割承継法人の株式を保有している場合（分割承継法人が分割法人の発行済み株式等の全部を所有している場合を除きます）の分割を「分社型分割」といいます。

分割法人に分割承継法人等の株式その他の資産が交付されない、いわゆる無対価分割が適格分割に該当する場合は以下の株式の保有関係がある場合に限られます。

1．完全支配関係がある法人間で行われる場合

（1）分割前に分割法人と分割承継法人との間に いずれか一方の法人による完全支配関係がある場合

分割型分割の場合は下記アの関係、分社型分割の場合は下記イの関係

　　ア、分割承継法人が分割法人の発行済み株式等の
　　　　全部を保有する関係
　　イ、分割法人が分割承継法人の発行済み株式等の
　　　　全部を保有する関係

（2）分割前に分割法人と分割承継法人との間に 同一の者による完全支配関係がある場合

分割型分割の場合は下記カ、キの関係、分社型分割の場合は下記クの関係

　　カ、分割承継法人が分割法人の発行済み株式等の
　　　　全部を保有する関係

キ、分割法人の株主等（当該分割法人及び分割承継法人を除く）
　　　　及び分割承継法人の株主等（当該分割承継法人を除く）の全
　　　　てについて、その者が保有する当該分割法人の株式の数の
　　　　当該分割法人の発行済株式等（当該分割承継法人が保有する
　　　　当該分割法人の株式を除く）の総数のうちに占める割合と当
　　　　該者が保有する当該分割承継法人の株式の数の当該分割承
　　　　継法人の発行済株式等の総数のうちに占める割合とが等し
　　　　い場合における当該分割法人と分割承継法人との間の関係
　　ク、分割法人が分割承継法人の発行済み株式等の
　　　　全部を保有する関係

2．支配関係がある法人間で行われる場合

① 分割前に分割法人と分割承継法人との間にいずれか一方の法人に
　　よる支配関係がある場合
　分割型分割の場合……上記キの関係
　分社型分割の場合……上記クの関係

② 分割前に分割法人と分割承継法人との間に同一の者による支配関
　　係がある場合
　分割型分割の場合……上記キの関係
　分社型分割の場合……上記クの関係

3．共同事業を行うための分割

　分割型分割の場合……上記キの関係
　分社型分割の場合……上記クの関係

〈事例44〉無対価分割型分割の処理

税制適格となる無対価分割型分割及び無対価分社型分割となる株式の保有関係のパターンは(図2)の通りです。

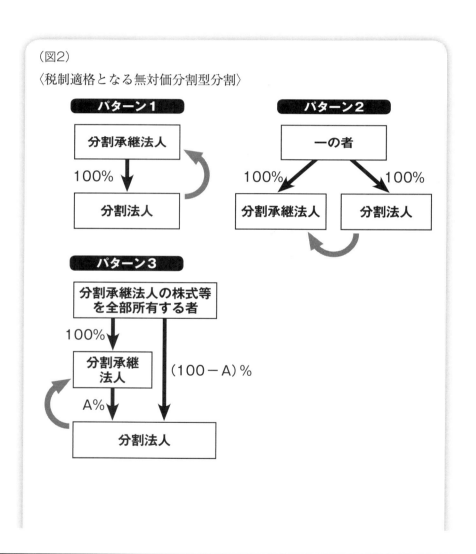

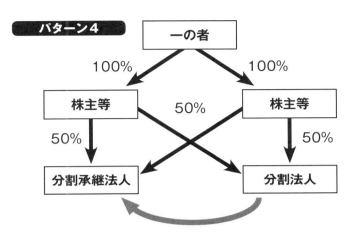

〈税制適格となる無対価分社型分割〉

〈事例44〉無対価分割型分割の処理

事例 45

無対価株式交換の処理

当社は、不動産業を営むグループ会社です。グループ内のI社及びO社の間で無対価による株式交換を行いました。O社の株主であるH社はO社株式の帳簿価額をI社株式へ付け替えました。グループの株式の保有関係は(図1)の通りです。

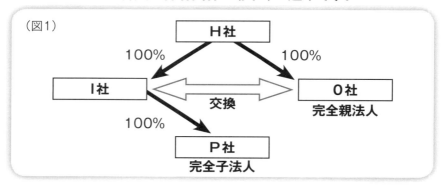

失敗のポイント　株式交換完全子法人の株主に株式交換完全親法人の株式その他の資産が交付されない、いわゆる無対価株式交換が適格株式交換に該当するのは一定の保有関係がある場合に限られています。

> **正しい対応**
>
> 事例の株式保有関係による無対価株式交換は、非適格株式交換に該当します。よって、株式交換完全親会社であるO社は交換により取得したP社の株式の価額について受贈益を計上します。また、株式交換完全子会社の株主であるI社はP社株式の譲渡損を計上します。
>
> なお、株式交換完全子法人であるP社は100％グループ内の株式交換のため、時価評価資産についての評価損益の計上は行わないこととなっています。
>
> 事例の株式交換を適格とするためには、O社はI社に対してO社株式を株式交換の対価として交付する必要があります。

[税法等の解説]

株式交換完全子法人の株主に株式交換完全親法人の株式その他の資産が交付されない、いわゆる無対価株式交換が適格株式交換に該当するのは以下の株式の保有関係がある場合に限られます。

1．完全支配関係がある法人間で行われる株式交換

株式交換前に株式交換完全子法人と株式交換完全親法人との間に同一の者による完全支配関係がある場合

ア、株式交換完全子法人の株主（当該株式交換完全子法人及び株式交換完全親法人を除く）及び株式交換完全親法人の株主等（当該株式交換完全親法人を除く）の全てについて、その者が保有する当該株式交換完全子法人の株式の数の当該株式交換完全子法人の発行済株式等（当該株式交換完全親法人が保有する当該株式交換完全子法人の株式を除く）の総数のうちに占める割合と当該者が保有する当該株式交換完全親法人の株式の数の当該株式交換完全親法人の発行済株式等の総数のうちに占める割合とが等しい場合における当該株式交換完全子法人と株式交換完全親法人との間の関係

※株式交換完全子法人と株式交換完全親法人との間にいずれか一方の法人による完全支配関係がある場合の無対価株式交換は適格株式交換に該当しないことになりました。

2．支配関係がある法人間で行われる株式交換

①株式交換等前に株式交換等完全子法人と株式交換等完全親法人との間にいずれか一方の法人による支配関係がある場合……上記アの関係
②株式交換等前に株式交換等完全子法人と株式交換等完全親法人との間に同一の者による支配関係がある場合……上記アの関係

3．共同事業を行うための株式交換

　　上記1アの関係

　税制適格となる無対価株式交換の株式所有関係を図で表すと（図2）の通りです。

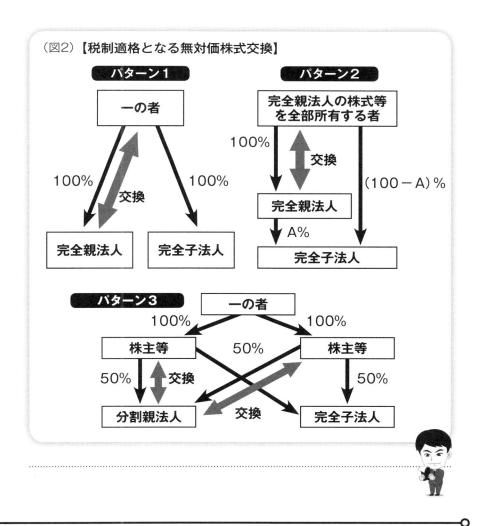

事例 **46**

適格組織再編成の範囲

　当社は、不動産関連のグループ会社です。現在、グループ内の組織再編を考えており、親会社Ａと子会社Ｂを適格合併により合併する計画でしたが、子会社Ｂの株主の中に親会社Ａ（保有割合95.2％）と従業員持株会（保有割合4.8％）があり、完全支配関係が成立しないことから非適格合併による合併手続きを進めています。

　なお、本計画では合併に際し金銭等の交付の予定はありませんが、子会社Ｂの従業者のうち親会社Ａへは60％程度の従業者しか引継がないことになっています。

　本事例では、株式の保有割合の判定において従業員持株会の保有株式について除外せず、100％保有判定をしているため、正しい保有割合の判定が必要になります。

> **正しい対応** 適格組織再編成を行うための株式の100%保有判定を行う場合、株主の中に保有割合が5％未満の従業員持株会があるときは、その株式を除外して100%判定することになります。よって、本事例の場合は100%保有の完全支配関係による合併手続きとなるため、適格合併として処理します。

［税法等の解説］

　合併のうち、被合併法人の株主等に合併法人株式又は合併親法人株式のいずれか一方の株式又は出資以外の資産が交付されないこと及びその合併に係る被合併法人と合併法人との間にいずれか一方の法人による完全支配関係その他の政令で定める関係があるものについては、適格合併として取扱われることになります（法法二十二の八の一部抜粋）。

　完全支配関係（法法２十二の七の六）とは、一の者が法人の発行済株式等（発行済株式の総数のうちに次に掲げる株式の数を合計した数の占める割合が百分の五に満たない場合の当該株式を除く）の全部を保有する場合における当該一の者と当該法人との間の関係をいいます（法令４の２②）。

① 当該法人の使用人が組合員となっている民法に規定する組合契約による組合（組合員となる者が当該使用人に限られているものに

限る)の当該主たる目的にしたがって取得された当該法人の株式
② 会社法の決議により当該法人の役員又は使用人に付与された新株予約権の行使によって取得された当該法人の株式

合併における適格要件のまとめは(図1)のようになります。

(図1)

完全支配関係 (100%グループ内)	支配関係 (50%超100%未満)	共同事業
ⅰ 金銭等の交付なし ⅱ 完全支配関係 　継続要因	ⅰ 金銭等の交付なし ⅱ 従業者従事要件 ⅲ 事業継続要件 ⅳ 支配関係継続要件	ⅰ 金銭等の交付なし ⅱ 従業者引継要件 ⅲ 事業継続要件 ⅳ 事業関連性要件 ⅴ 規模要件又は経営参画要件 ⅵ 株式継続保有要件

MEMO

事例

47

連結納税の適用法人

　当社は、半導体メーカー関連のグループ会社で、親会社Ａ社は製品の設計、研究開発、生産管理等を、Ａ社の100％子会社Ｂ社は半導体の生産を、またＡ社の100％子会社Ｃ社は資材の調達管理をしています。

　子会社Ｂ社は順調で大きな黒字を出しています。親会社Ａ社は近年電気自動車向け高性能ICの開発に力を入れているため設計開発費が多額となり多額の欠損金があります。子会社Ｃ社も為替の影響を受け欠損状態が続いております。Ａ社の繰越欠損金を活用することにより、Ｂ社の所得を減額するため親Ａ社とＢ社について連結納税を導入することにしました。

　連結納税は選択適用と聞いていたため連結対象会社について会社の任意で選択できると思っていました。

　ところが100％子会社については、全て連結納税適用ということが判明しました。Ｃ社の欠損金については、引継ぎの要件を満たしていなかっ

たため、C社の加入に伴って切り捨てられてしまい、連結納税導入に伴う多額の追加コストがかかることになってしまいました。

　このケースでは、連結納税の適用法人を認識していなかったため、連結納税導入に伴う多額の追加コストを計上することになってしまいました。連結納税を導入する場合、連結親法人及び連結子法人の適用範囲を認識しておくことが必要になります。

　連結納税導入を検討する際に、連結納税の適用法人を把握します。

　また、連結納税による節税メリット・デメリットと、連結納税導入に伴う人件費（決算作業の増加によるもの）、連結会計ソフトの導入費用等を比較検討して、連結納税の適用を判断します。

〈事例47〉連結納税の適用法人

[税法等の解説]

連結納税の適用法人

　連結納税の適用法人は内国法人である親法人（普通法人又は協同組合等に限る）と、その親法人が直接又は間接に発行済株式等の全部を保有する子法人（普通法人に限る）の全てで構成されます。ただし、連結納税制度を選択する場合は、完全支配関係にある全ての子法人が適用対象となり、子法人ごとに適用の選択をすることはできません。

（図1）【連結親法人と連結子法人の適用範囲】

	適用法人	適用外法人
連結親法人	普通法人及び協同組合等	・破産手続開始の決定を受けた法人 ・外国法人 ・他の内国法人又は協同組合等による完全支配関係がある法人 ・資産流動化法に規定する特定目的会社 ・投資信託及び投資法人に関する法律に規定する投資法人 ・連結納税の承認が取り消された法人で、取り消しから5年を経過していない法人 ・法人課税信託に係る法第四条の七に規定する受託法人 ・清算中の法人
連結子法人	普通法人	・破産手続開始の決定を受けた法人 ・外国法人 ・資産流動化法に規定する特定目的会社 ・投資信託及び投資法人に関する法律に規定する投資法人 ・連結納税の承認が取り消された法人で、取り消しから5年を経過していない法人 ・法人課税信託に係る法第四条の七に規定する受託法人 ・連結除外法人及び外国法人に株式を所有される内国法人

事例 48
連結納税における中小法人特例の適用

　課税所得通算による節税効果を図るため、平成30年11月1日に親会社A社を連結親法人、子会社B社を連結子法人とし連結納税制度を導入しました。資本金は、A社が4億円、B社が1億円です。

　ところがB社は連結納税を導入することにより、いわゆる「中小法人向け特例」の適用を受けられなくなってしまいました。そのため、B社の課税所得は増加してしまい、課税所得通算による節税効果が薄れてしまいました。

失敗のポイント

　今回のケースでは、連結納税制度を導入した場合の「中小法人向け特例」の適用の有無の確認を怠ってしまいました。

　連結子法人が中小法人である場合、連結親法人の資本金の金額を考慮して、「中小法人向け特例」の適用の有無による影響を検討する必要があります。

> **正しい対応**
> 連結納税の導入を検討する際は、課税所得通算、連結親法人の繰越欠損金活用による節税メリット等とともに、連結子法人が「中小法人向け特例」を適用できなくなるデメリット等も検討し考慮します。

［税法等の解説］

いわゆる「中小法人向け特例」は、(図1)の特例です。

〈事例48〉連結納税における中小法人特例の適用

（図1）

［特例］	［内容］
年800万円以下の所得に対する税率	15%の軽減税率適用（原則23.2%） （法法66②、法法81の12②措法68の8等）
留保金課税の不適用	一定の同族会社の一定の内部留保金額に係る課税金額が免除となります （法法67、法法81の13）
貸倒引当金の法定繰入率	税務上の貸倒引当金計上限度額を法定繰入率により計算できます （原則貸倒実績率法） （措法57の10、措法68の59）
交際費等の損金不算入の定額控除	交際費のうち、一定額を損金算入できます （措法61の4、措法68の66）
欠損金の繰戻し還付	当期の欠損金額を前期の所得金額と通算することにより、前期法人税額のうち一定の還付を受けることができます （法法80①、法法81の31等）
繰越欠損金の控除制限	繰越欠損金の控除限度額が所得の全額となります（原則50%） （法法81の9）

※中小法人とは、事業年度末における資本金が1億円以下の法人です。連結納税において、「中小法人向け特例」の適用関係は連結親法人及び連結子法人の事業年度末における資本金額により異なります。

　単体納税の場合は、各法人の事業年度末における資本金額で本特例の適用の有無を判定します。連結納税の場合、原則として連結親法人の事業年度末における資本金額で判定します。

　また、平成22年度税制改正により100%グループ内法人の子法人について親法人の資本金額が5億円以上である場合、「中小法人向け特例」は適用できなくなりました。

「中小法人向け特例」の適用関係は(図2)の通りとなります。

(図2)

			親法人の資本金		
			1億円以下	1億円超～5億円未満	5億円以上
子法人の資本金	1億円超	単体	適用なし	適用なし	適用なし
		連結	※	適用なし	適用なし
	1億円以下	単体	適用あり	適用あり	適用なし
		連結	適用あり	適用なし	適用なし

※貸倒引当金の法定繰入率は適用なし

〈事例48〉連結納税における中小法人特例の適用

事例 **49**

連結納税における
地方税の取扱い

　当社は、航空会社関連のグループ会社です。

　親会社Ａ社は航空事業を、Ａ社の100％子会社Ｂ社はホテル等のリゾート開発事業を行っています。Ｂ社は順調ですが、近年航空事業の低迷によりＡ社では多額の欠損金を抱えております。Ａ社の繰越欠損金をＢ社に所得通算するため連結納税制度を導入することとしました。

　Ａ社の繰越欠損金の活用によりＢ社では納税額は発生しないと考えておりましたが、先日Ｂ社について、地方税は単体課税であるため納税が必要なことが判明し、地方税を支払うことになってしまいました。

**失敗の
ポイント**　　Ａ社の繰越欠損金とＢ社の課税所得金額の損益通算による法人税及び地方法人税の節税だけに着目して、意思決定をしてしまいました。

> **正しい対応**
> 連結納税を検討する際には、法人税及び地方法人税のみならず地方税に関しても検討した上で意思決定することが重要です。

［税法等の解説］

　連結納税制度は法人税法上の規定であり、地方税（住民税及び事業税）については規定されていません。そのため、地方税については従来通り単体納税が継続するため、繰越欠損金の活用による節税効果は地方税に影響がないこととなります。連結子法人において連結親法人の繰越欠損金額を活用することにより法人税額及び地方法人税額が生じない場合でも、地方税額が生じることとなります。

　したがって、連結親法人の繰越欠損金の所得通算効果を検討する場合、地方税額が生じることを考慮する必要があります。
なお、連結納税における地方税の取扱いを示すと以下の通りになります。

＜連結納税における地方税の取扱い＞

　連結納税制度における連結法人の都道府県民税、市町村民税、事業税などの地方税については、各連結法人が納税義務者として法人ごとに申告を行う必要があります。単体納税における住民税の課税標準は、法人税割額については法人税額で、事業税では法人税法上の所得金額です。

　これに対し連結納税制度においては前者については「個別帰属法人税額」（個別所得金額に法人税率等を乗じ、所得税額控除等の連結法人帰属額を

調整したもの)であり、後者については「連結所得個別帰属額」(個別帰属益金額から個別帰属損金額を控除したもの)が課税標準となります。

　連結納税制度における法人税では、連結子法人の連結納税適用前に生じた繰越欠損金は連結所得金額から控除することは一定の場合を除いてできませんが、地方税においては個別帰属損金額として各連結法人の所得から控除することができます。なお、地方税の事業年度は、連結事業年度と同一です。

MEMO

事例 **50**

連結法人株式の投資簿価修正

　グループ法人間で所得の通算を行い、法人税及び地方法人税の負担を軽減するため連結納税制度を選択しました。その後、グループの不採算事業を整理するため、毎年赤字続きの子会社を他社に5,000万円で売却しました（子会社株式の帳簿価額1億円）。

　その結果、売却損5,000万円を損金に落とすことができ、税金を軽減できると見込んでいましたが、多額の納税が発生することとなりました。

> **失敗のポイント**
> 　子会社株式の売却にあたり、連結納税での調整項目である投資簿価修正について考慮していないため、想定外の納税が発生しました。

> **正しい対応**
>
> 　連結納税では、グループ全体を一の納税主体と考え課税を行いますが、グループから離脱する際には、グループ加入中に取り込んだ所得又は損失を精算する必要があります。したがって、組織再編行為や子会社の取得・売却を行う際には単体納税では想定されない納税額の増減が発生することがあります。
>
> 　今回のケースでは、赤字続きの子会社の離脱となりますので、連結納税計算で取り込んだ子会社分の損失につき子会社株式の帳簿価額（譲渡原価）を調整することとなります。

[税法等の解説]

　連結子法人株式の帳簿価額の修正と連結個別利益積立金額の調整（投資簿価修正）は、連結法人が連結子法人の株式について譲渡を行うなど、連結法人の離脱の事由が生ずることとなる場合に、その連結子法人の株式を保有する全ての連結法人が、その譲渡等の処理の前に、その連結子法人の

株式についてその連結子法人の連結期間中の連結個別利益積立金額の増減額に相当する金額の帳簿価額の修正を行うとともに、自己の連結個別利益積立金額又は利益積立金額についてその修正金額に相当する金額の増減の調整を行います（法令9①六、9の2①四、119の3⑤、119の4①）。

（図1）

投資簿価修正額 ＝ 要修正額（※） × 保有連結子法人株式数 / 連結子法人の発行済株式数

※要修正額＝連結子法人が連結納税に加入したときから当該事由が生じる前までの利益積立金の増減

　これは、連結子法人株式を譲渡した場合に生じる損益には、その連結子法人の損益で連結納税においてすでに課税済みのものの影響が含まれているため、二重課税の防止の観点から、連結子法人の株式の譲渡等に際しては、その株式の帳簿価額を修正することとしています。

　簡単な例を用いますと、純資産が1,000の子会社が損失800を計上した場合、純資産は200となります。親会社では、子会社株式の帳簿価額が1,000だった場合、損失計上後の価値は200となります。この時点で親会社が子会社株式を200で売却した場合の仕訳は、

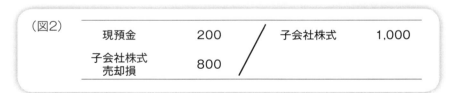

（図2）
現預金	200	/	子会社株式	1,000
子会社株式売却損	800	/		

となります。

　一方、子会社で計上した損失800については連結納税計算上、損失として損金となりますので、結果として二重で損金が計上されることとなりま

す。

　したがって、税務上は子会社株式の帳簿価額（譲渡原価）を800減額修正します（投資簿価修正）。

　また、逆に純資産が1,000の子会社が利益800を計上した場合、純資産は1,800となります。親会社がこの子会社株式を1,800で売却した場合は、

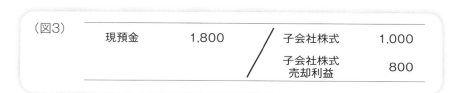

となり、子会社で計上した利益800と親会社で計上した売却益800について二重で益金が計上されることとなります。したがって、この場合には、税務上は子会社株式の帳簿価額（譲渡原価）を800増額修正することとなります。

事例 51

法人税及び地方法人税の計算

連結納税制度を導入すると黒字会社と赤字会社で損益を通算でき、法人税及び地方法人税の負担が減少するとのことを聞きました。そのため、当社も財務内容の改善のため連結納税制度を適用し、(図1)のようにグループ全体での税負担の減少とそれに伴う損益の改善が見込まれる計画でした。

(図1) ＜単体納税＞

(単位：千円)

	親会社	子会社	グループ計
税引前利益	1,000	△1,000	0
法人税	239	0	239
地方法人税	10	0	10
当期利益	751	△1,000	△249

＜連結納税＞

(単位：千円)

	親会社	子会社	グループ計
税引前利益	1,000	△1,000	0
法人税	239	△239	0
地方法人税	10	△10	0
当期利益	751	△751	0

しかし、実際に決算処理を行ったところ、法人税及び地方法人税の負担の軽減は図られましたが、税効果会計（前期末の親会社繰延税金資産800）を適用したことにより親会社の当期利益が赤字となってしまいました（図2）。

（図2）＜連結納税（税効果適用）＞　　　　　　　　　　　　　　（単位：千円）

	親会社	子会社	グループ計
税引前利益	1,000	△1,000	0
法人税	239	△239	0
地方法人税	10	△10	0
法人税調整額	800	0	800
当期利益	△49	△751	△800

失敗のポイント

　連結納税制度を適用する場合の税効果会計について、財務諸表に与える影響を検討していないと、想定外の損益への影響が生じる可能性があります。特に、繰延税金資産を計上しているグループ会社は、他のグループ会社の財務内容によっては当該資産を取崩す可能性が生じますので注意が必要です。

〈事例51〉法人税及び地方法人税の計算　　　**215**

正しい対応　法人税及び地方法人税に係る繰延税金資産は、連結グループを一体とみなした上で回収可能性の判断を行い、地方税に係る繰延税金資産は、各社単体での回収可能性の判断を行います。したがって、法人税及び地方法人税と地方税で繰延税金資産の計上が異なる場合があるため、財務諸表への影響を事前に検討する必要があります。

［税法等の解説］

　連結納税制度は、法人税及び地方法人税における制度であり、地方税（法人住民税・事業税）は同制度の適用はありません。

　また、連結納税の適用会社は連結完全支配関係（100％の持株関係）がある会社であり、会計上は連結納税子会社の資産、売上高、利益及び利益剰余金のいずれも重要性が低い場合には連結の範囲に含めないことができます。

　したがって、会計上の連結の範囲に含まれる子会社の中で連結納税の適用会社と単体納税の適用会社が存在する場合があります。また、その逆に連結納税子会社であっても支配が一時的であると認められる企業については、連結の範囲に含めないこととなります（連結会計基準第14項）。

連結納税の対象会社については、個別財務諸表における税効果会計の適用については、次の点に注意する必要があります（実務対応報告第5号・第7号）。

① 法人税及び地方法人税、住民税、事業税を区分し、それぞれ回収可能性を判断、適用税率を算定します。連結納税適用会社の法人税及び地方法人税の法定実効税率については、連結納税親会社の法人税率及び地方法人税率を使用することとなります。
② 法人税及び地方法人税に係る繰延税金資産の回収可能性の判断は、連結グループ全体での連結所得見積額を考慮します。住民税、事業税に係る繰延税金資産の回収可能性の判断は、個別所得見積額を考慮します。
③ 連結欠損金については、連結欠損金に特定連結欠損金が含まれていない場合は、連結所得見積額を、含まれている場合は連結所得見積額及び個別所得見積額の両方を考慮します。

したがって、連結納税制度の導入による財務諸表への影響を検証する際は、税効果会計の取扱いについても検証する必要があります。

事例 52
連結納税の離脱事由

　S社は連結納税制度を採用していますが、グループ再編の一環として、100％子会社のA社を清算することとしました。A社は、平成29年12月28日で解散しましたが、清算は結了しておらず残余財産の確定も終わっていません。

　S社グループの平成30年3月期の連結申告において、A社については既に解散し清算中であることから連結納税の対象から除外して申告を行いましたが、後日、税務署より清算中のA社を連結納税の対象から除外することはできないとの指摘を受けました。

> **失敗のポイント** ✗
>
> 　連結子法人の解散を連結納税の離脱事由と誤認して、A社を除外して申告してしまいました。

218

> **正しい対応**
> 連結子法人の解散（合併又は破産手続開始の決定を除く）は、連結納税の離脱事由にはあたらないため、清算中のＡ社を含めて連結申告を行う必要があります（図1）。

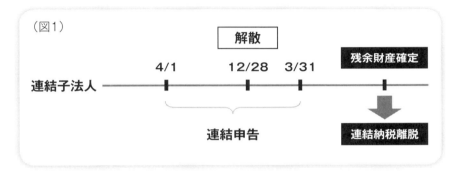

［税法等の解説］

　平成22年度税制改正において、清算所得課税が廃止されたことに伴い、連結子法人の解散（合併又は破産手続開始の決定を除く）は連結納税の離脱事由から除外されました。したがって、連結子法人が合併又は破産手続開始決定以外の事由で解散したとしても連結納税から離脱せず、連結納税の対象に含める必要があります。その後、残余財産が確定した日の翌日に連結納税の承認が取り消されたものとみなされるため、その時点から連結納税を離脱することになります。

　連結子法人が連結納税から離脱する場合としては、国税庁長官の職権に

より連結納税の承認が取り消されるケース（法法4の5①）及び連結納税の承認が取り消されたとみなされるケース（法法4の5②）があります。

1. 国税庁長官の職権により連結納税の承認が取り消されるケース

　　国税庁長官は、連結法人につき下記のいずれかに該当する事実がある場合には、連結納税の承認を取り消すことができます（法法4の5①）。

① 連結事業年度に係る帳簿書類の備付け、記録又は保存が財務省令で定めるところにしたがって行われていないこと。

② 連結事業年度に係る帳簿書類について国税庁長官、国税局長又は税務署長の指示に従わなかったこと。

③ 連結事業年度に係る帳簿書類に取引の全部又は一部を隠ぺいし又は仮装して記載し又は記録し、その他その記載又は記録をした事項の全体についてその真実性を疑うに足りる相当の理由があること。

④ 連結確定申告書をその提出期限までに提出しなかったこと。

2. 連結納税の承認が取り消されたとみなされるケース

　　次に掲げる事実が生じた場合には、連結法人の連結納税の承認が取り消されたものとみなされます（法法4の5②）。

① 連結親法人と法人（普通法人、又は協同組合等に限る）との間に当該法人による完全支配関係が生じたこと

② 連結子法人がなくなったことにより、連結法人が連結親法人のみとなったこと

③ 連結親法人の解散

④ 連結子法人の解散（合併又は破産手続開始の決定による解散に限る）又は残余財産の確定

⑤ 連結子法人が連結親法人との間に当該連結親法人による連結完全支配関係を有しなくなったこと

⑥ 連結親法人が公益法人等に該当することとなったこと

⑦ 連結親法人と法人（公益法人等に限る）との間に当該法人による完全支配関係がある場合において、当該法人が普通法人又は協同組合等に該当することとなったこと

　A社は平成29年12月28日に解散をしているものの、連結事業年度末である平成30年3月31日において残余財産は確定しておらず、清算中の状態にあります。したがって、A社を含めて連結申告を行う必要があります。

事例53 連結納税開始に伴う資産の時価評価

　金属製品販売業を営んでいるS社は、金属加工業を営んでいるA社を100％子会社として有しています。S社はA社の製造品の他、外部より製品を調達し、販売を行っています。

　S社は毎期安定的な収益を上げていますが、A社は過去の過度な設備投資の償却負担が重く、慢性的な赤字体質に陥っています。そこで、S社はA社との所得通算による節税を図るため、連結納税を選択することにし、連結納税の承認申請を行いました。

　しかし、A社は設立当初より都内に工場を有しており、その土地について多額の含み益があったため、連結納税の開始に際して当該含み益に対して課税が行われる結果となってしまいました。

失敗のポイント
　連結納税導入によるメリットのみに気を取られ、デメリットを十分に検討せずに連結納税を選択してしまいました。

正しい対応　連結納税の導入にあたっては、各社の損益の通算による節税効果のみならず、連結納税開始・加入に伴う資産の時価評価の影響についても検討する必要があります。

［税法等の解説］

　連結子法人は連結納税開始又は加入に伴い、単体納税制度から連結納税制度に移行しますが、単体納税時の含み益を連結納税制度に持ち込むことが制限されており、移行時に資産の含み損益を精算しなければなりません。すなわち、連結子法人は連結納税を開始する事業年度の直前事業年度において、一定の資産について時価評価を行う必要があり、評価益が生じる場合には課税が行われることになります。特に多額の含み益がある土地や有価証券を有している場合、時価評価課税によるデメリットが所得通算によるメリットを上回る結果となる可能性があります。

　したがって、連結納税導入の検討に際しては、所得通算の節税効果のみでなく、時価評価対象資産の有無及び評価損益の影響を慎重に検討しなければなりません。一方で連結親法人が保有する資産は時価評価の対象とはなりません。

　なお、連結子法人が連結納税の開始又は加入に際して時価評価すべき資産は、固定資産、土地（土地の上に存する権利を含み、固定資産に該当するものを除きます）、有価証券、金銭債権及び繰延資産をいい、次のものは除かれています（法令122の12①）。

① 前5年内事業年度等において一定の圧縮記帳の規定適用を受けた減価償却資産（法令122の12①一）

② 売買目的有価証券（法令122の12①二）

③ 償還有価証券（法令122の12①三）

④ 帳簿価額が1,000万円に満たない資産（法令122の12①四）

⑤ 資産の価額とその帳簿価額との差額（含み損益）が他法人の資本金等の額の1/2に相当する金額又は1,000万円のいずれか少ない金額に満たない場合のその資産（法令122の12①五）

⑥ 他の内国法人との間に完全支配関係がある内国法人の株式又は出資で、その価額がその帳簿価額に満たないもの。ただし、下記に掲げるものに限る（法令122の12①六）

　　　イ．清算中のもの

　　　ロ．解散（合併による解散を除く）をすることが見込まれるもの

　　　ハ．当該内国法人との間に完全支配関係がある他の内国法人との間で適格合併を行うことが見込まれるもの

⑦ 最初連結事業年度開始日に連結子法人が被合併法人又は分割法人とした合併又は分割型分割が行われたことにより連結グループ外に移転する資産又は連結親法人又は連結子法人にその発行済株式又は出資を直接又は間接に保有されている他の内国法人がその合併又は分割型分割により連結親法人との間に完全支配関係を有しなくなる場合のその保有されている他の内国法人の保有する資産（法令122の12①七）

⑧ 最初連結事業年度開始日に連結子法人が自己を合併法人又は分割承継法人とする合併又は分割型分割により連結親法人との間に完全支配関係を有しなくなる場合の連結子法人の保有する資産及びその合併又は分割型分割により連結子法人にその発行済株式又は

出資を直接又は間接に保有されている他の内国法人が連結親法人との間に完全支配関係を有しなくなる場合のそのの保有されている他の内国法人の保有する資産（法令122の12①八）

⑨ 内国法人との間に完全支配関係を有することとなった他の内国法人で、完全支配関係を有することとなった日以後2月以内に一定の事実が生ずることにより、完全支配関係を有しなくなるものの保有する資産。

ただし、みなし事業年度の規定の適用を受ける場合には、加入日の前日の属する月次決算期間の末日の翌日以後2月以内とする。

また、内国法人又は内国法人との間に完全支配関係がある他の内国法人を合併法人とする合併により完全支配関係を有しなくなるもの及び支配日の属する連結親法人事業年度終了の日後に完全支配関係を有しなくなるものを除く（法令122の12①九）。

また、下記の連結子法人は、連結納税の開始の際、資産の時価評価の対象外となる。

① 親法人を設立した株式移転に係る完全子法人（法61の11①一）
② 長期保有子法人等（法61の11①二）
③ グループ内の法人により設立された法人（法61の11①三）
④ 適格株式交換等に係る完全子法人（法61の11①四）
⑤ 適格合併等をした際の被合併法人等の保有する子法人のうち、長期保有子法人に準ずるもの（法61の11①五）
⑥ 単元未満株式の買取り等により完全支配関係が生じた子法人（法61の11①六）

事例

54

みなし事業年度の特例

　S社は日用雑貨の卸売業を営む法人であり、関東各地に同種の事業を営む100％子会社を数社有しており、連結納税制度を採用しています。

　この度、新たに関西圏に進出するため、平成30年10月に関西にある同業他社であるA社を買収し、当社の100％子会社としました。

　株式の引渡しは当社の創業記念日である10月20日に行いましたが、月中で決算を行うことは煩雑であることから、税理士のアドバイスにより月次決算に合わせて10月31日までをみなし事業年度として申告を行うこととしました。

　ところがA社の税務申告を行った後、税務署より照会があり、所定の書類の提出がないため特例を適用することはできないとの指摘があり、原則通り、加入日の前日である10月19日までをみなし事業年度として申告を行わざるを得ず、多大な事務負担が発生してしまいました。

226

失敗のポイント みなし事業年度の特例の適用を受けるためには一定の書類を納税地の所轄税務署長に提出する必要があるのに、書類の提出を失念していました。

正しい対応 加入日の前日の属する事業年度に係る確定申告書の提出期限となる日までに、この特例の適用を受ける旨及び所定事項を記載した書類を納税地の所轄税務署長に提出する必要があります（図1）。

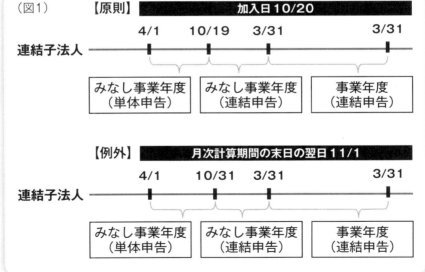

（図1）

〈事例54〉みなし事業年度の特例

[税法等の解説]

　連結納税の開始後、他の内国法人が連結事業年度の途中において連結親法人との間に連結親法人による完全支配関係を有することとなった場合には、他の内国法人は完全支配関係を有することとなった日（加入日）において連結納税の承認があったものとみなされ、加入日より連結子法人としての適用を受けます（法法4の3⑩）。

　上記の事例では株式の引渡しを行った10月20日が加入日であり、この日に連結納税の承認があったものとみなされます。この場合、A社は加入日の前日の属する事業年度開始の日から10月19日までの期間をみなし事業年度として単体申告を行い、10月20日から連結親法人の事業年度終了の日までをみなし事業年度として連結申告を行うことになります（法法14①六）。

　しかし、この事例のように月の途中で完全支配関係が生じた場合、その発生日の前日までの期間がみなし事業年度となるため、本来の決算や月次決算とは別に納税のために月の途中で決算を行う必要があり、多大な事務負担を要することになるため、みなし事業年度の特例が設けられています。

　税務署長に特例適用の書類を提出したときには、連結子法人のみなし事業年度は、加入日の前日の属する事業年度開始の日から加入日の前日の属する月次決算期間の末日までの期間及び末日の翌日から連結事業年度終了の日までの期間になります（法法14②一）。したがって、加入日が10月20日であれば、みなし事業年度の末日は10月31日となり、11月1日より連結納税に参加することになるため、月中で納税のための決算を行う事務負担を回避することができます。

　この特例の適用を受けるためには、連結子法人が、この特例の適用がないものとした場合に加入日の前日の属する事業年度に係る確定申告書の提

出期限となる日までに、この特例の適用を受ける旨及び次の事項を記載した書類を納税地の所轄税務署長に提出する必要がありますので留意が必要です（法法14②、法規8の3の12）。

> ① この書類の提出をする他の内国法人の名称、納税地及び法人番号並びに代表者の氏名
> ② ①の他の内国法人に係る連結親法人又は設立事業年度等の承認申請特例の適用を受けて連結納税の承認申請書を提出した内国法人の名称及び納税地並びに代表者の氏名
> ③ ①の他の内国法人加入日
> ④ ①の他の内国法人の加入日前日の属する月次決算期間の初日及び末日
> ⑤ その他参考となるべき事項

事例 55

連結欠損金の繰越

平成22年度の税制改正により連結納税制度での繰越欠損金の持込制限が緩和されたため連結納税制度を選択しましたが、子会社Aの業績が改善し、所得が発生したにもかかわらず子会社Aの欠損金は使用することなく期限切れとなってしまいました。

失敗のポイント

次のようなケースでは連結納税制度の適用により、子会社Aの繰越欠損金が切り捨てられてしまい、連結納税制度を適用しなかった場合に比べ税負担が増えてしまう可能性があります。

（図1）　例1）親会社に大きな欠損金があるため、欠損金の充当の順序により子会社Aの欠損金が使用できないケース

	単体申告		連結申告		
	X1	X2	X3	X4	X5〜
親会社	△1,000	0	0	1,000	0
子会社A	0	△500	1,000	0	0
計	△1,000	△500	1,000	1,000	0

(図2) 例2）単年度で発生する所得と損失の通算により、欠損金が使用できないケース

	単体申告		連結申告		
	X1	X2	X3	X4	X5〜
親会社	0	0	△1,000	1,000	0
子会社A	△1,000	0	1,000	0	0
計	△1,000	0	0	1,000	0

正しい対応

連結納税の導入にあたっては、グループ全体・各社での利益計画や株式・不動産の譲渡予定、過去の欠損金の発生年度、損益通算と繰越欠損金の使用順序などをしっかり検討したうえで将来のタックスプランニングを行う必要があります。

例１の場合は、子会社Aの欠損金は使用できませんが、単体納税を継続した場合はX3年度で子会社Aの欠損金は使用できますが課税が発生してしまうため、その後の所得の発生によりますが連結納税を選択する方が有利な判断とも言えます。

例２の場合は、X3年度は発生した所得と損失を通算すると連結所得は発生せず、X4年度では親会社で発生した所得については、子会社Aの欠損金は使用できません。事前の利益計画で本ケースのような所得推移が明らかであるならば、X4年度以降に連結納税制度を選択することも考えられます。

〈事例55〉連結欠損金の繰越

[税法等の解説]

　連結親法人の各連結事業年度開始の日前10年（注）以内に開始した連結事業年度において生じた連結欠損金額がある場合には、当該連結欠損金額に相当する金額は、当該各連結事業年度の連結所得の計算上、損金の額に算入するとされています。また、連結欠損金の損金算入額は当該各連結事業年度の連結所得の範囲内に限定されており、連結所得を超える連結欠損金はその後の各連結事業年度の連結所得に対して繰越控除が認められます。したがって、過去10年以内に生じた連結欠損金額の合計額より連結所得金額が少ない場合には連結欠損金額のうち古いものから順次、その連結所得の金額に相当する金額を限度として繰越控除していきます。

　また、一定の連結子法人の最初連結事業年度開始の日前10年以内に開始した各事業年度において生じた欠損金額は、連結欠損金額とみなされ、当該連結子法人の個別所得金額を限度として、損金の額に算入することができるようになりましたが、こちらも古いものから順次、繰越控除していくこととなります（法法81の9①一イ②一イ）。

　したがって、連結納税制度の導入にあたっては、グループ各社の利益計画と繰越欠損金の発生年度をもとに、連結納税制度を適用後の税負担をしっかり検証する必要があります。

（注）　平成20年3月31日以前に終了する事業年度に生じた欠損金については7年。
　　　平成20年4月1日から平成30年3月31日までに開始する事業年度に生じた欠損金は9年。
　　　平成30年4月1日以後に開始する事業年度に生じた欠損金は10年。

参考文献

- ·『法人税法の改正』財務省
- ·『平成22年度税制改正に係る法人税質疑応答事例（グループ法人税制関係）』国税庁HPより
- ·『平成22年版 法人税の重要計算』税務弘報 2010年10月臨時増刊号、中央経済社
- ·『平成29年版 図解グループ法人課税』中村慈美（著）、大蔵財務協会
- ·『平成29年版 図解 法人税』白井純夫（編）、大蔵財務協会
- ·『平成29年度版 図解 組織再編税制』 中村慈美（著） 大蔵財務協会
- ·『グループ法人税制と申告調整実務』諸星健司（著）、税務研究会出版局
- ·『新しいグループ企業の税制と実務対応』MIDストラクチャーズ（著）、緑川正博（編集）、阿部泰久（編集）、新日本法規出版
- ·『経営戦略としての自己株式の活用』平石孝行（著）、加藤幸人（著）、六法出版社
- ·『「純資産の部」完全解説』太田達也（著）、税務研究会出版局
- ·『資本·株式の会計·税務』三宅茂久（著）、中央経済社
- ·『「解散·清算の実務」完全解説』太田達也（著）、税務研究会出版局
- ·『詳解 連結納税Q&A』税理士法人トーマツ 稲見誠一、大野久子（監修）、清文社
- ·『解説とQ&Aによる法的·私的整理における債権者·債務者の税務』中村慈美（著）、大蔵財務協会
- ·『新しい「グループ法人税制」の仕組みと実務』上西左大信（著）、税務研究会出版局
- ·『組織再編成の税務調整ガイド』木村一夫（著）、中央経済社
- ·『会社税務マニュアルシリーズ3 合併·分割』寺西尚人（著）、ぎょうせい
- ·『企業再生の会計と税務』税理士法人山田＆パートナーズ（編集）、金融財政事情研究会
- ·『M&A組織再編の実務─手続·人事労務·会計·税務·事例研究』日本公認会計士協会東京会（編集）、清文社
- ·『詳解 グループ法人税制』 朝長英樹（著）他、法令出版
- ·『組織再編における税制適格要件の実務Q&A（第4版）』 佐藤信祐（著）、中央経済社

辻・本郷 税理士法人

2002年4月設立。東京新宿に本部を置き、日本国内に61拠点、海外に8拠点、スタッフ総勢1600名（関連グループ会社含む）、顧問先数約12000社（2018年11月現在）。医療、税務コンサルティング、相続、事業承継、M&A、企業再生、公益法人、移転価格、国際税務など各税務分野別に専門特化したプロ集団。弁護士、不動産鑑定士、司法書士との連携により、顧客の立場に立ったワンストップサービスとあらゆるニーズに応える総合力をもって多岐にわたる業務展開をしている。

〒160-0022　東京都新宿区新宿4-1-6　JR新宿ミライナタワー28階
電話　03-5323-3301（代）
FAX　03-5323-3302
URL　http://www.ht-tax.or.jp/

〈監修者プロフィール〉
辻・本郷 税理士法人 理事長　**徳田 孝司**
公認会計士・税理士

昭和53年、長崎大学経済学部卒業。
昭和55年、監査法人朝日会計社（現あずさ監査法人）に入社。
平成14年4月、辻・本郷 税理士法人設立、副理事長に就任し、平成28年1月より現職。
著書に「スラスラと会社の数字が読める本」（共著、成美堂出版）、「いくぜ株式公開「IPO速解本」」（共著、エヌピー通信社）、「精選100節税相談シート集」（共著、銀行研修社）他多数。

〈2訂版〉
公認会計士が見つけた！
本当は怖いグループ法人税務の失敗事例55

2011年5月11日　　初版第1刷発行
2018年12月12日　　2訂版第1刷発行

監修　　　　　　徳田孝司
編著者　　　　　辻・本郷 税理士法人
発行者　　　　　鏡渕　敬
発行所　　　　　株式会社 東峰書房
　　　　　　　　〒150-0002 東京都渋谷区渋谷3-15-2
　　　　　　　　電話　03-3261-3136　FAX　03-6682-5979
　　　　　　　　http://tohoshobo.info/
装幀・デザイン　小谷中一愛
イラスト　　　　道端知美
印刷・製本　　　株式会社 シナノパブリッシングプレス

©Hongo Tsuji Tax & Consulting 2018　ISBN978-4-88592-193-3　C0034